명문동양문고

31

管子

관자 (下)

장기근 譯

明文堂

범례凡例

1. 이 책은 「관자교정(管子校正)」 24권 〈唐 尹知章 注, 淸 戴望 校正〉을 저본으로 하고, 본문에 대한 번역 및 해설과 아울러 자귀에 대한 주해를 붙인 것이다.

2. 관자 총 86편 중에서 관자 자신의 글이라고 믿어지는 경언(經言) 9편 중 목민(牧民), 형세(形勢), 권수(權修), 입정(立政), 승마(乘馬), 칠법(七法)의 6편을 완전히 번역했으며, 외언(外言)에서 오보(五輔)와 중령(重令)을 완역했고, 추언(樞言)과 패언(霸言)은 초역했다. 원래 관자의 글은 후세의 여러 사람에 의해 부연된 것이 많이 혼입되어 있는지라, 대략 위에서 추린 것으로 관자 자신의 본 모습이나 정신을 파악할 것이라 믿는다.

3. 본래 관자의 글은 혼잡하고 오기나 착자(錯字)도 많으며, 또 난해한 점도 많다. 본서의 해석이나 해설에는 여러 학자의 설을 참고했으나, 필자가 발명한 부분도 제법 있음을 밝혀 둔다.

4. 각 편을 필자가 방편상 임의로 단절하여 풀이하고 해설을 가했다. 이는 어디까지나 이해를 용이하게 하기 위함이다.

5. 번역은 직역과 의역의 중간을 취하고자 했다.

6. 참고한 연구서로서는 「管子探求」(羅根澤), 「管子評註」(郭正域), 「讀書雜志」(王念孫), 「管子傳」(梁啓超) 등이 있다.

목차

관자(하)

제6편 칠법七法 경언經言 6

제6편은 모두 4장으로 되어 있다. 즉 ① 칠법(七法), ② 사상백익(四傷百匿), ③ 위병지수(爲兵之數), ④ 선진(選陳)이다.

① 칠법은 국가를 다스리는 일곱 가지의 바탕을 들고 풀었다. 즉 〈I〉 칙(則)·만물의 존재 원칙, 〈II〉 상(象)·사물에 대한 구상적 파악, 〈III〉 법(法)·모든 척도(尺度) 및 문물제도나 법률, 〈IV〉 화(化)·교화(敎化) 및 향상, 〈V〉 결색(決塞)·사물의 상대적 원리, 〈VI〉 심술(心術)·지도자의 정신자세나 덕성(德姓), 〈VII〉 계수(計數)·계획과 술책(術策).

② 사상백익은 상령(常令), 관작(官爵), 부적(符籍), 형법(形法) 네 가지를 잘 다스리지 못하면 나라가 위태롭게 된다 하여 사상(四傷)이라 했고, 다시 사자(四者)라 하여 영(令), 사직(社稷), 법(法), 위(威)를 높이고 잘 간직하라고 주장했으며, 끝에서는 공평무사한 논공행상으로 국민들의 사기를 돕고 적극적으로 국가를 위해 목숨을 바칠 수 있는 용사를 배출해야 한다고 지적했다. 이상의 제1장, 제2장은 결국 다음에 있는 제3장, 제4장에서 논할 군사력 강화, 국방력 강화 및 전략계획을 뒷받침하는 국력배양을 위한 기본론이라 하겠다.

③ 위병지수는 군사력을 강화하는 현실적이고 실질적인 방책

을 제시한 것이다. 즉 풍부한 국가재정과 물질을 바탕으로 과학 기술을 동원하여 고성능의 정예무기를 제조하고 이를 보유해야 한다는 것, 훌륭한 인재와 용감한 병사의 양성, 천하에 대한 폭넓은 정보 수집, 그러나 때와 천운을 활용할 줄 아는 임기응변(臨機應變)의 묘리(妙理)를 터득해야 한다고 맺었다.

④선진은 백전백승(百戰百勝)의 전쟁 필승론(必勝論)을 구체적으로 폈다. 치밀한 계획과 정보 수집, 우수한 지휘관과 훈련된 전투원, 내치(內治)의 안정 등을 들고, 천하무적의 군대를 육성하는 원칙과 그들의 효능을 말했다.

그러나 관자는 패도(覇道)의 종국적 목적은 「천하를 바로잡아 잘 다스리고 대의명분을 세우는 것이다.(正天下有分.)」라 했다. 무조건 군사력을 강화해서 남을 억압하는 것은 능사가 아니다. 「적에게 이기되 정의와 도리를 가지고 이겨야 한다.(勝敵國有理.)」라고 했다. 또한 「나라를 다스리고 공덕을 높이 세우고자 하면 반드시 예와 의를 따라야 한다.(城功立事, 必順於禮義.)」라고도 했다. 역시 관자는 넓은 천하의 정략가(政略家)라 하겠다. 동시에 이러한 생각이 동양의 통치나 천하를 제패하는 패자들의 전통적 이상이기도 했다.

- 不朽의 眞理 -

言是而不能立, 言非而不能廢, 有功而不能賞, 有罪而不能誅. 若是而能治民者, 未之有也. (6~1)

是必立, 非必廢, 有功必賞, 有罪必誅, 若是安治矣. (6~1)

不能治其民, 而能彊其兵者, 未之有也. (6~1)

不能彊其兵, 而能必勝敵國者, 未之有也. 能彊其兵, 而不明于勝敵國之理, 猶之不勝也. (6~1)

兵不必勝敵國, 而能正天下者, 未之有也. 兵必勝敵國矣, 而不明正天下之分, 猶之不可. (6~1)

治民有器, 爲兵有數, 勝敵國有理, 正天下有分. (6~1)

百匿傷上威, 姦吏傷官法, 姦民傷俗敎, 賊盜傷國衆. (6~2)

威傷則重在下, 法傷則貨上流, 敎傷則從令者不輯, 衆傷則百姓不安其居. (6~2)

貨上流, 則官徒毀. (6~2)

百姓不安其居, 則輕民處而重民散. (6~2)

輕民處, 重民散, 則地不辟, 地不辟, 則六畜六育, 六畜不育, 則國貧而用不足, 貧而用不足, 則兵弱而士不厲, 兵弱而士不厲, 則戰不勝而守不固, 戰不勝而守不固, 則國不安矣. (6~2)

不爲重寶, 虧其命. 故曰, 令貴於寶. (6~2)

不爲愛親, 危其社稷. 故曰, 社稷戚於親. (6~2)

不爲愛人, 枉其法. 故曰, 法愛於人. (6~2)

不爲重爵祿, 分其威. 故曰, 威重於爵祿. (6~2)

居身論道行理, 則羣臣服敎, 百吏嚴斷, 莫敢開私焉. (6~2)

論功計勞, 未嘗失法律也. (6~2)

欲正天下, 財不蓄天下, 不能正天下. (6~3)

大者時也, 小者計也. (6~3)

徧知天下, 審御機數, 則獨行而無敵矣. (6~3)

所愛之國, 而獨利之, 所惡之國, 獨害之, 則令行禁止. (6~3)

勝一而服百, 則天下畏之矣. (6~3)

立少而觀多, 則天下懷之矣. (6~3)

罰有罪, 賞右功, 則天下從之矣. (6~3)

成功立事, 必順於禮義. (6~3)

不禮不勝天下, 不義不勝人. (6~3)

故凡功伐之爲道也, 計必先定于內, 然後兵出乎境. (6~4)

不明于敵人之政, 不能加也, 不明于敵人之情, 不可約也, 不明
于敵人之將, 不先軍也, 不明于敵人之士, 不先陳也. (6~3)

是故, 以衆擊寡, 以治擊亂, 以富擊貧, 以能擊不能, 以敎卒練士擊毆衆白徒, 故十戰十勝, 百戰百勝. (6~4)

朝無政, 則賞罰不明, 賞罰不明, 則民幸生. (6~4)

賞罰明, 則人不幸. 人不幸, 則勇士勸之. (6~4)

金城之守者, 用貨財, 設耳目. (6~4)

一體之治者, 去奇說, 禁雕俗也. (6~4)

1. 칠법(七法)

제1장 격인 칠법(七法)은 제6편 칠법편(七法篇)과 같은 제명을 내걸었다. 과연 제1장 칠법 앞에서는 제6편 전체에 대한 머리말 같은 짧은 구절이 포함되어 있다. 그러나 제1장의 본지(本旨)는 이른바 국가를 다스리는 데 바탕이 되는 일곱 가지의 법을 지적하고 있다. 즉 칙(則), 상(象), 법(法), 화(化), 결색(決塞), 심술(心術), 계수(計數)다. 이들 칠법은 모든 만물의 존재 원리에서부터 사물에 대한 실질적이고 구체적인 인식 및 지도자의 정신자세나 마음가짐 등을 정치의 바탕으로 논술한 것이다.

1.

말이 옳았는데도 이를 받아쓸 줄 모른다, 말이 글렀는

데도 이를 물리칠 줄 모른다, 공이 있는 데도 마땅히 주어야 할 상을 주지 않는다, 죄가 있는데도 이에 대하여 벌을 내리지 못한다. 이렇게 해서 백성을 다스릴 수 있었다는 예는 여태껏 없었다.

옳은 것은 반드시 받아 써야 하고, 그른 것은 반드시 물리쳐 버려야 하고, 공이 있으면 반드시 상을 주고, 죄가 있으면 반드시 벌을 내려야 한다. 이렇게 해야 편히 다스릴 수 있는 법이다. 그러나 그것만으로는 부족하다. 그 이유는 다름이 아니다. 나라를 다스림에 있어 형세나 유형무형의 문물제도 및 법령 또는 제반 장비가 갖추어지지 못하면 역시 잘 다스릴 수가 없다. 이들 대세나 법령 및 장비를 다 갖추어야 비로소 한 나라가 잘 다스려지게 마련이다.

제나라 백성조차 잘 다스리지 못하는데, 그 나라의 군사력을 강화할 수 있었다는 예도 여태껏 없었다. 제나라 백성들을 잘 다스릴 줄 알아도 군사력을 행사하는 술법에 밝지 못하면 역시 안 된다.

제나라 군사력을 강화할 줄 모르고 적국과 싸워 반드시 이겼다는 예도 여태껏 없었다. 제나라 군사력을 강화할 줄 알아도 적국과 싸워 이길 수 있는 도리를 밝게 알지 못하면 역시 이길 수 없다.

군사력에 있어 반드시 적국을 이겨내지 못하면서 천하를 바로잡아 다스릴 수 있었다는 예도 여태껏 없었다. 군사력에 있어 반드시 적국을 이겨낸다 하더라도 천하를 바로잡아 다스리는 대의명분을 밝히지 못하면 역시 안 된다.

따라서 백성을 다스리는 데는 문물제도나 법령 및 장비를 갖추어야 하며, 군사력을 행사하는 데는 술법을 알아야 하며, 적국과 싸워 이기려면 도리를 지켜야 하며, 천하를 바로잡아 다스리고자 하면 대의명분을 지켜야 한다. 이를 다음과 같은 칠법(七法), 즉 칙(則), 상(象), 법(法), 화(化), 결색(決塞), 심술(心術), 계수(計數)로 풀어보겠다.

言是而不能立, 言非而不能廢, 有功而不能賞, 有罪而不能誅. 若是而能治民者, 未之有也.

是必立, 非必廢, 有功必賞, 有罪必誅, 若是安治矣. 未也, 是何也. 曰, 形勞器械未具, 猶之不治也. 形勢器械具四者備, 治矣.

不能治其民, 而能彊其兵者, 未之有也. 能治其民矣, 而不明於爲兵之數, 猶之不可.

不能彊其兵, 而能必勝敵國者, 未之有也. 能彊其兵, 而不明于勝敵國之理, 猶之不勝也.

兵不必勝敵國, 而能正天下者, 未之有也. 兵必勝敵國矣, 而不明正天下之分, 猶之不可.

故曰, 治民有器, 爲兵有數, 勝敵國有理, 正天下有分.

則‧象‧法‧化‧決塞‧心術‧計數.

- 言是(언시) : 言은 말, 언론, 의견, 발언. 즉 정치나 정책에 대한 의견, 또는 구신(具申), 진술. 是는 옳다.
- 不能立(불능립) : 立은 내세워 쓴다. 의견이 좋은 줄 알면서도 이를 받아들여 쓰지 못한다.
- 言非(언비) : 정책 구신이 옳지 못한다.
- 誅(주) : 벌을 준다, 꾸짖는다, 죽인다.
- 未也, 是何也!(미야, 시하야) : 그렇게 해서 잘 다스려진다 해도 아직 충분치 않다. 그 이유는 무엇이냐?
- 形勢器械(형세기계) : 形勢는 형편과 운세. 器械는 유형(有形) 또는 무형의 문물제도 및 법령 또는 기구 장비. 법률이나 무기, 기계 등을 총칭한다.
- 彊其兵(강기병) : 그 나라의 병력, 군사력을 강화한다. 彊은 強.
- 兵之數(병지수) : 數는 術이나 法. 병법, 군사법, 전략술.
- 正天下之分(정천하지분) : 分은 분수, 규제, 명분, 한계. 즉 천

하를 바로잡는 대의명분이나 분수를 알아야 한다. 正은 政에도 통한다.

• 則·象·法·化·決塞·心術·計數(칙·상·법·화·결색·심술·계수), 즉 칠법(七法)이다.

*관자가 말하는 패도(覇道)의 종국적 목적은 「천하를 바로잡아 잘 다스리되 대의명분 있게 하는 것이다.(正天下有分.)」 아무렇게나 억지와 힘만으로 세계를 억누르고 통치하는 것은 자랑이 못된다. 대의명분 있게, 그리고 정치를 바르게 해야 한다. 그러기 위해서는 우선 「법령, 문물제도, 모든 국가시설이나 장비를 갖추어 가지고 제나라의 백성들을 잘 다스려 편하고 질서 있게 살도록 해야 한다.」 이것이 「治民有器」의 뜻이다. 다음으로 한 나라의 국민들의 힘과 모든 물질이나 문화를 통합한 군사력, 즉 국방력을 강화해야 한다. 그래야 악한 나라에 침해되지 않을뿐더러 천하에 악덕(惡德)이 활개를 못치게 마련이다. 그렇다고 군사력 강화는 무모하게 해서는 안 된다. 분수 있게, 한도 있게, 국민생활을 위협하지 않게 신중히 다루어져야 한다. 이것이 「爲兵有數」의 뜻이다. 그리고 적국과 싸운다 하더라도 침략이나 악덕의 전쟁을 해서는 안 된다. 언제나 정의의 전쟁을 할 것이며 또 반드시 이겨야 한다. 이것이 「勝敵國有理」의 뜻이다.

이상을 쉽게 추리면 다음과 같다. 「백성을 문화적으로 법질서를 확립해야 안락하게 다스리고(治民有器), 국방력 강화는 신중하고 합당하게 하고(爲兵有數), 적국과의 전쟁은 반드시 이기되 정의의 싸움을 할 것이며(勝敵國有理), 나아가서는 천하를 대의명분에 입각하여 바로잡아 다스리도록 하라(正天下有分).」

오늘의 세계, 오늘의 전 인류에게 그대로 깨우쳐주고 싶은 말이다.

2.

사람이나 새, 짐승 및 초목들은 모두가 하늘과 땅의 정기와 추위나 더위, 즉 기온의 조화와 물과 흙의 성질 등을 근원으로 하고 태어난다. 이들 만물은 무한정 많지는 않으나 서로 균형 있게 존재하고 있으며, 그 균형조화는 예로부터 변함이 없다. 이것을 바로 만물이 존재하는 법칙, 즉 칙이라 일컫는다.

어떠한 사물이든지 그것을 파악할 때는 옳고 적절하게 적합한 언어로 표현하고, 시기를 맞추고 본성이나 본질에 가깝게 유형을 바로잡고 대조적이고 대비적으로 그 형상을 정확히 파악해야 한다. 이러한 것을 구상적(具象

的)인 파악, 즉 상(象)이라 일컫는다.

길이를 재는 자나, 직선을 긋는 먹줄이나, 원이나, 각의 척도인 규거나, 무게를 재는 형석이나, 양을 재는 말이나 각량을 이른바 기준이자 척도, 즉 법이라 일컫는다.

교육이나 훈화는 점차적이고 유순하고 마음속에서 좇고 오랜 시간을 두고 순복하는 태도로, 또한 몸에 배고 익숙하게 되도록 해야 한다. 이러한 교화의 태도를 바로 화라고 일컫는다.

주는 것과 뺏는 것, 위험과 평탄, 이득과 손실, 어려움과 쉬움, 열림과 닫음은 서로가 상대적이다. 이러한 상대적인 이치를 가리켜 트임과 막힘, 즉 결색이라 일컫는다.

위정자의 정신자세는 알차고, 성실하고, 후하고, 남에게 베풀고, 절도를 갖추고, 또한 남에게 관대해야 한다. 이러한 정신자세를 가리켜 심술이라 일컫는다.

어떠한 정책을 계량하고 계획할 때는 강하고도 유하게 경중을 저울질해 가리고, 대소를 분간하고, 실과 허를 분간하고, 원근을 잘 측정하고, 다소를 잘 헤아려야 한다. 이러한 계책을 가리켜 계수라 일컫는다.

根天地之氣, 寒暑之和, 水土之性, 人民鳥獸草木

之生.

物雖不甚多, 皆均有焉, 而未嘗變也, 謂之則.

義也, 名也, 時也, 似也, 類也, 比也, 狀也, 謂之象.

尺寸也, 繩墨也, 規矩也, 衡石也, 斗斛也, 角量也, 謂之法.

漸也, 順也, 靡也, 久也, 服也, 習也, 謂之化.

予奪也, 險易也, 利害也, 難易也, 開閉也, 殺生也, 謂之決塞.

實也, 誠也, 厚也, 施也, 度也, 恕也, 謂之心術.

剛柔也, 輕重也, 大小也, 實虛也, 遠近也, 多少也, 謂之計數.

* 根(근) : 근원(根元)으로 삼고. 바탕으로 하고.
* 則(칙) : 법칙. 만물이 존재하는 원칙.
* 義(의) : 적의(適宜). 적절하고 옳다.
* 名(명) : 명명(命名). 말로 표현한다는 뜻.
* 時(시) : 때에 맞는다. 시기를 맞춘다.
* 似(사) : 닮게 한다.
* 類(유) : 유형(類形)을 가지고 맞춘다.
* 比(비) : 모의(模擬). 비등케 한다. 또는 대비나 대조적.
* 狀(상) : 형상을 맞춘다.

- 象(상) : 앞에 들은 의(義)·명(名)·시(時)·사(似)·유(類)·비(比)·상(狀)을 총칭하여 상이라 한다. 象은 像. 위정자나 입법자는 사실을 본뜨고 사실에 입각해야 한다는 뜻으로 상이라 했다.

- 尺寸(척촌) : 자. 길이를 재는 기준이다.

- 繩墨(승묵) : 먹줄. 직선을 치는 기준이다.

- 規矩(규거) : 規는 원(圓)의 척도, 矩는 각(角)의 척도.

- 衡石(형석) : 衡은 저울대, 石은 저울추로 쓰는 돌, 무게는 백20근(斤)이다. 즉 저울질하는 기준이다.

- 斗斛(두곡) : 斗는 말. 斛은 열 말. 말 되는 기준.

- 角量(각량) : 角도 말이나 되 같은 양기(量器)다.

- 漸(점) : 서서히 물들다. 물에 젖는다. 즉 윗사람의 교화(敎化)가 물에 젖듯이 점차적으로 백성들에게 번진다는 뜻.

- 靡(미) : 마음속으로 깊이 감화되어 순종한다.

- 予奪(여탈) : 予는 주다. 奪은 뺏는다. 받다. 주는 것은 바로 받는 것이라고 풀어도 좋을 것 같다. 제1편 목민(牧民) 사순(四順)에 「주는 것이 바로 취하는 것임을 아는 것이 정치의 보배로운 요결이다.(故知予之爲取者, 政之寶也.)」라 있다. 단, 다음에 있는 「險易也, 利害也, 難易也, 開閉也, 殺生也.」 등과 같이 균형을 이루기 위하여 주는 것과 뺏는 것의 상대적 관계에 있음을 말한 것이라 보는 편이 무난하겠다.

- 決塞(결색) : 決은 터놓다, 통하다. 색은 막다. 즉 백성들에 대한 여러 시책에 있어 그들의 이익, 자유 또는 욕망 등을 필요에 따라 트기도 했다가 막기도 한다. 융통성 있게 상대적 관

계나 균형을 맞추어 텄다가 막았다 하라는 뜻.

• 心術(심술) : 위정자가 가져야 할 정신자세. 마음 쓰는 태도.
• 計數(계수) : 計는 계획하다, 계량하다, 헤아리다, 측정하다. 數는 분수, 분량, 한게나 술책.

  ＊천하를 바로잡아 다스리는 요결(要訣)인 칠법(七法)을 풀었다. 즉 ① 칙(則)은 사람을 위시하여 천지간의 만물이 조화 균형 있게 존재하는 원칙을 말한다. ② 상(象)은 모든 사물의 파악을 본질적이고 구상적(具象的)으로 해야 한다는 뜻을 알리는 말이다. ③ 법(法)은 이른바 도량형의 척도나 기준을 두고 한 말이다. ④ 화(化)는 교화・덕화(德化)를 푼 말이다. ⑤ 결색(決塞)은 상대적 원리를 알리는 말이다. ⑥ 심술(心術)은 위정자의 정신자세를 가리킨 말이다. ⑦ 계수(計數)는 모든 계책이나 계획을 한쪽에 치우치지 않게 하라는 것을 가리키는 말이다. 칠법은 좀 추상적이고 이론의 짜임새나 계통이 서있지 못한 흠이 있다.

3.

  만물의 존재 원칙도 모르면서 천하를 다스리겠다고 호령코자 하는 것은, 마치 일영계(日影計)를 회전판 위에 놓고 지침을 치켜들고 지침 끝 이 햇발의 위치를 잡아주기를 바라는 거와 같이 터무니없는 노릇이다.

모든 사물을 본질적이고 또한 구체적으로 밝게 알지도 못하면서 모든 자료를 분별하고 활용하고자 하는 것은 마치 긴 것을 잘라가지고 짧은 것이라 하고, 짧은 것을 이어가지고 긴 것이라 하는 따위와 같이 터무니없는 노릇이다.

만사의 척도나 기준이 되는 법을 잘 알지도 못하면서 온갖 백성이나 국민을 일치단결시키고 잘 다스리고자 바라는 것은 왼손으로 글씨를 써 내려가면서 바른손으로 이를 멈추게 하는 격으로 터무니없는 노릇이다.

교화의 이치를 잘 알지도 못하면서 국민의 기풍이나 일반 민중의 풍습을 개혁하고 교화 향상시키고자 하는 것은, 마치 아침에 수레바퀴를 만들어 가지고 저녁에 그 수레를 타고 달리고자 하는 거와 같이 터무니없는 노릇이다.

통하는 것과 막힌다는 것이 상대적이라는 결색의 원리도 모르면서 무작정 국민이나 민중을 동원하여 몰고 움직이게 하고자 바라는 것은, 마치 물을 역으로 흐르게 하는 거와 같이 터무니없는 노릇이다.

위정자의 정신자세나 마음가짐도 잘 터득치 못한 주

제에 백성들에게 자기가 내린 영을 실천시키고자 바라는 것은, 마치 표적에 등을 대고서 활을 쏘아 과녁을 맞추겠다는 거와 같이 터무니없는 노릇이다.

일을 꾸미고 계량할 줄도 모르면서 국가 대사를 이룩하고자 바라는 것은, 마치 배나 노도 없이 험한 강물을 건너고자 하는 격이라 터무니없는 노릇이다.

결국 예의, 문물, 제도를 정하고 마련하려면 원칙을 알지 못하면 안 되고, 자료를 분별해 활용하려면 본질적이고 구체적인 파악을 할 줄 모르면 안 되고, 국민들을 일치단결, 화목시키려면 척도와 기준이 되는 법을 알지 못하고서는 안 되고, 국민의 기풍이나 풍습을 개혁하고 교화 향상시키려면 참다운 덕화의 이치를 알지 못하면 안 되고, 국민이나 민중을 몰아 움직이게 하려면 통합과 막힘의 상대적 원리인 결색에 대하여 알지 못하면 안 되고, 영을 내리어 국민으로 하여금 따르고 행하게 하자면 지도자로서의 마음가짐과 정신자세를 가질 줄 모르면 안 되며, 국가 대사를 반드시 성취시키고자 하면 계책하는 법을 알지 못하면 안 된다.

不明於則, 而欲出號令, 猶立朝夕於運均之上, 擔

竿而欲定其末. 不明於象, 而欲論材審用, 猶絶長以
爲短, 續短以爲長. 不明於法, 而欲治民一衆, 猶左
書而右息之. 不明於化, 而欲變俗易教, 猶朝楺輪而
夕欲乘車. 不明於決塞, 而欲敺衆移民, 猶使水逆流.
不明於心術, 而欲行令於人, 猶倍招而必拘之, 不明
於計數, 而欲擧大事, 猶無舟檝而欲經於水險也.

故曰, 錯儀畫制, 不知則不可. 論材審用, 不知象
不可. 和民一衆, 不知法不可. 變俗易教, 不知化不
可. 敺衆移民, 不知決塞不可. 布令必行, 不知心術
不可, 擧事必成, 不知計數不可.

- 出號令(출호령) : 제호(制號) 명령을 내리다. 천하에 대고 호
  령하다.
- 朝夕(조석) : 일영(日影)을 측정하는 기계.
- 運均(운균) : 오지로 된 회전판(廻轉板).
- 檐竿(첨간) : 檐은 擧(거)의 뜻. 들다. 竿은 일영기의 지침(指
  針)인 작대기.
- 論材審用(논재심용) : 재료를 분별하고 신중하게 활용코자 하
  다.
- 治民一衆(치민일중) : 백성을 다스리고 모든 사람을 하나로
  묶다. 일치단결시키다.
- 左書而右息(좌서이우식) : 법이나 원칙을 모르고 터무니없는

짓을 한다. 즉 글을 좌측으로 써 내려가면서 우측에서 쉬고
자 한다. 즉 문장의 끝맺음, 종지를 터무니없이 한다는 뜻.
또는 왼손으로 글을 쓰고 바른손으로는 막는다는 풀이도 있
다.

- 變俗易敎(변속역교) : 국민의 기풍이나 습관을 변혁, 즉 개혁
하고 교화시킨다는 뜻.

- 揉輪(유륜) : 揉는 구부리다. 곧은 나무를 휘어서 수레바퀴를
만들다.

- 敺衆移民(구중이민) : 敺는 驅와 같다. 민중이나 백성들을 몰
아 움직이게 하다.

- 倍招而必拘之(배초이필구지) : 王念孫의 설에 의하면, 拘는 射
의 오기, 招는 的이라 한다. 즉 과녁에 등을 대고서 꼭 쏘아
맞춘다는 뜻. 倍는 背.

- 舟檝(주집) : 배와 노.

- 錯儀畫制(조의획제) : 예의, 문물, 제도를 정하고 마련한다.
錯는 놓다. 畫은 계획하다, 꾸미다.

＊앞에 이어 칠법(七法)에 대해 풀었다. 결국 칠법이 목적하
는 바는 다름이 아니다. ① 칙(則)을 알아야 예의, 문물, 법령,
제도 등을 마련하고 정할 수 있다. ② 상(象)을 알아야 모든 자
료를 분별하고 활용할 수 있다. ③ 법(法)을 알아야 온 국민을
화동(和同)하고 일치단결시킬 수 있다. ④ 화(化)를 알아야 온
국민의 기풍이나 풍습을 개혁, 교화, 향상시킬 수 있다. ⑤ 결

색(決塞)의 상대적 원리를 알아야 국민이나 민중을 움직이게 할 수 있다. ⑥ 심술(心術)을 터득해야 국민에게 영을 내리고 그들로 하여금 지키게 할 수 있다. ⑦ 계수(計數)를 알아야 국가 대사를 성공적으로 수행할 수 있다.

2. 사상백익(四傷百匿)

제2장의 표제를 사상백익이라고 했으나 교정(敎正)에서 지적한 대로 백익(百匿)은 잘못 끼어들었을 것이며, 사상(四傷)이라 함이 옳을 것이다. 제2장은 다시 3단으로 나눌 수 있다. 첫째 단절에서 상령(常令), 관작(官爵), 부적(符籍), 형법(形法)을 논했고, 이 네 가지를 잘 다스리지 못하고 그르치는 것을 가리켜 사상(四傷)이라 하고, 그때에는 국가가 위태롭게 된다고 경고하고 있다. 둘째 단절에서는 영(令), 사직(社稷), 법(法), 위(威)의 네 가지(四者)를 높이고 잘 간직하라고 가르쳤으며, 셋째 단절에서는 통치자인 군주 자신이 솔선수범하여 군신이나 백관들이 심복하게 하고 나아가서는 공평무사한 논공행상을 함으로써 국민들이 국가에 대한 공을 세움으로 해서 반드시 명예를 얻는다는 신념을 주어야 하며, 그렇게 될 때 국민들

은 국난 앞에 거리낌 없이 생명을 내걸고 싸울 것이며, 이것이 바로 군사행정의 요결이라고 지적했다.

1.

조정의 모든 기관이 부정과 부패에 물들게 되면 임금의 위엄이나 나라의 권위가 손상되고 간사하고, 악덕한 관리가 판을 치면 나라의 법이 문란해지고, 사악하고 간음한 인간들이 득실거리면 국민의 기풍을 교화, 진작시킬 도리가 없게 되고, 살인자나 도적들이 날뛰게 되면 국민 대중의 생활이 파괴된다.

나라의 권위가 무너지면 임금의 존엄성도 밑에 떨어지게 되고, 나라의 법이 문란해져 관리들이 뇌물이나 먹게 되면 돈이나 물질이 위로 흘러넘치게 되고, 국민 기풍의 교화, 진작이 파탄되면 영을 따라도 화순하는 게 아니라 마지못해 따르게 되고, 국민 대중의 생활이 파괴되면 거주의 안전이 없어지게 된다.

임금의 존엄성이 땅에 떨어지면 영을 내려도 시행되지 않을 것이며, 돈이나 물질이 위로 넘쳐흐르게 되면 벼슬아치들이 타락해 못 쓰게 될 것이며, 사람들이 마지못해 영을 따르면 나라의 모든 일이 성취되지 못할 것이며, 국민들이 안락하게 살 수가 없으면 뜨내기 건달패들만이 모여서 들끓고 착실하고 무게 있는 양민들은 딴 곳으로 흩어져 떠나가 버리고 말 것이다.

건달패만이 모여 살고 착실한 양민들이 흩어져 없어지면 그 나라의 국토를 개발할 수가 없으며, 국토개발이 안되면 모든 가축을 사육할 수도 없고, 가축 사육이 이룩되지 못하면 자연히 나라가 가난해지고 국가의 용도가 부족하게 되며, 나라가 가난하고 국가 용도가 부족하면 국방력도 약하고 선비들의 기개가 위축되며, 국방력이 약화되고 선비들의 기개가 위축되면 다른 나라와 싸워 이길 수도 없고, 또한 제 나라를 굳게 지킬 수도 없으며, 싸워 이기지도 못하고 나라도 굳게 지키지 못하면 그 나라는 안태롭지 못하게 된다.

결국 나라의 법령을 엄하게 다루고 지키게 하지 못하면 모든 국가기관에 부정과 부패가 넘치게 되고, 관직이나 작위, 봉록을 신중이 내리지 않으면 간악한 관리들이 넘나들게 되고, 여행권이나 호적을 신중히 다루어 국민들의 거주 동태를 잘 파악하지 못하면 악덕한 무리들이 득실거리게 되고, 형법을 엄격히 집행하지 않으면 범법자나 무법자들이 판을 치게 된다.

　이상의 네 가지 바탕, 즉 상령(常令), 관작(官爵), 부적(符籍), 형법(刑法)을 잘 다루지 못하고 실패하게 되면 임금이나 조정의 존엄성이나 기밀이 밖으로 노출되어 결국 임금이나 국가의 존립 자체가 위태롭게 되며, 임금이 존엄성을 잃고 일반 앞에 노출되면 자연히 속 있는 정책 구신을 할 선비들이 나서서 충성을 바치지 않게 되고, 속 있는 정책 구신을 할 선배들이 나서지 않으면 국사에 대한 충성과 기만을 임금으로서 철저히 가려낼 도리가 없게 된다.

　百匿傷上威, 姦吏傷官法, 姦民傷俗敎, 賊盜傷國衆.

　威傷則重在下, 法傷則貨上流, 敎傷則從令者不輯, 衆傷則百姓不安其居.

　重在下, 則令不行, 貨上流, 則官徒毀, 從令者不輯, 則百事無功, 百姓不安其居, 則輕民處而重民散.

　輕民處, 重民散, 則地不辟, 地不辟, 則六畜不育, 六畜不育, 則國貧而用不足, 國貧而用不足, 則兵弱而士不屬, 兵弱而士不屬, 則戰不勝而守不固, 戰不

勝而守不固, 則國不安矣.

故曰, 常令不審, 則百匿勝, 官爵不審, 則姦吏勝, 符籍不審, 則姦民勝, 刑法不審, 則盜賊勝.

國之四經敗, 人君泄見危, 人君泄, 則言實之士不進, 言實之士不進, 則國之情僞不竭于上.

- 百匿(백익) : 百은 百官, 官은 조정이나 정부의 뜻으로 보면 좋다. 匿은 慝(특)에 통한다. 간악하다. 즉 정부가 부정과 부패에 불늘다.
- 傷上僞(상상위) : 上은 임금. 임금의 권위나 위엄이 손상된다.
- 姦吏(간리) : 간사하고 악덕한 관리. 벼슬아치들.
- 傷官法(상관법) : 나라의 법을 손상시키고 망친다.
- 傷俗敎(상속교) : 국민의 기풍이나 풍습의 교화, 향상을 망친다.
- 賊盜(적도) : 賊은 법질서를 파괴하거나 사람을 살해하는 자. 盜는 훔치거나 도적질하는 자.
- 傷國衆(상국중) : 국민 대중의 생활을 파괴한다.
- 重在下(중재하) : 임금의 권위가 무너지면 악덕한 자들이 위에 기어오르게 마련이다. 따라서 존귀하고 중책을 맡을 충성된 중신(重臣)들이 아래로 내려앉게 마련이다. 이렇게 되면 자연 국가의 위신이나 정치적 무게도 밑으로 떨어지게 마련이다.

- 貨上流(화상류) : 국가의 법은 정의와 질서를 지키는 동시에 도덕, 윤리의 정신적 길잡이이기도 하다. 이 법이 파괴되고 관리가 뇌물에 매수되면 온 나라는 물질지상주의가 된다. 따라서 정신보다도 물질이 위로 넘쳐흐르게 마련이다. 貨는 물질. 돈.
- 官徒毁(관도훼) : 벼슬아치들. 관속(官屬). 관리들이 타락하고 못쓰게 된다.
- 從令者不輯(종령자불집) : 輯은 좋은 낯으로 고분고분하게 따른다. 화순(和順)하다. 즉 영을 마지못해 따른다는 뜻.
- 不安其居(불안기거) : 안락하게 제 집에서 살지 못하다. 거주의 안전이 없어진다는 뜻.
- 輕民處(경민처) : 輕民은 건달들. 즉 도적이나 범죄자 또는 악덕한 인간들만이 나라 안에 살게 된다는 뜻.
- 重民散(중민산) : 무게 있는 백성. 충성스럽고 양심적인 양민(良民). 온유돈후(溫柔敦厚)한 백성들은 불안한 나라에서는 살지 못하고 딴 곳으로 흩어진다.
- 地不辟(지불벽) : 국토가 개발되지 못한다. 辟은 闢.
- 兵弱而士不厲(병약이사불여) : 兵은 병력, 무력, 군사력, 무기, 무장. 士는 선비, 지식인, 또는 병사. 不厲는 적극적으로 노력하고 일하지 않는다. 兵을 군대, 士를 지식인이나 선비로 대립시켜 풀어도 좋고, 兵과 士를 합하여 병사라고 풀어도 좋다.
- 常令不審(상령불심) : 常은 전법(典法), 법(法). 즉 법령을 지키고 법령대로 처리하지 않으면 안 된다.

- 官爵(관작) : 관직이나 작위. 봉록.
- 符籍(부적) : 符는 여행권(旅行券). 籍은 호적. 국민의 이동과 거주를 장악하는 바탕.
- 四經(사경) : 앞에서 말한 네 가지의 중요사. 즉 상령(常令), 관작(官爵), 부적(符籍), 형법(刑法).
- 人君泄(임군설) : 泄은 노출되다. 밖에 드러나다. 임금의 존엄이나 조정의 기밀이 간직되지 못하고 밖에 드러나다. 따라서 임금이나 나라의 권위가 무너지고 나아가서는 위태롭게 되다.
- 情僞(정위) : 情은 참된 정성, 즉 眞과 같은 뜻. 따라서 진위(眞僞)라고 풀어도 좋다.

*국가의 권위와 존립을 보장하는 네 가지 대강을 사경(四經)이라 했다. 즉 ① 상령(常令), ② 관작(官爵), ③ 부적(符籍), ④ 형법(形法)이다. 이 네 가지 대강을 실패하는 것을 사상(四傷)이라 하고 그때의 경우를 밝혔다.

① 상령(常令), 즉 국가의 법령을 엄하게 다루고 지키지 못하면 국가기관이 타락하고 부정부패하고, 따라서 국가의 권위를 손상시키고, 국가의 영이 국민들에게 먹혀들지 못하게 된다.

② 관작(官爵), 즉 관직이나 작위, 봉록을 신중하게 내리지 않으면 결과적으로 무능과 간사한 관리들이 득세하게 되고, 이들은 국법을 어기고 뇌물을 마구 먹게 되며, 따라서 국민의 돈

과 물질만이 위로 흘러들게 될 것이며, 이에 따라 관리들은 더욱 부패하게 된다.

③ 부적(符籍), 즉 여행권이나 호적을 잘 처리하여 항상 국민의 이동이나 거주상태를 정확히 파악하고, 국민의 동태를 엄중히 감시하지 않으면 국민생활이 땅에 뿌리를 박지 못하고, 따라서 국민기풍의 교화, 진작을 해칠 것은 물론, 교화나 덕화되지 못한 이들이 법령을 마지못해 따른다 해도 국가의 제반사에 적극적인 참여를 얻지 못하는지라 아무 일도 성공적으로 수행할 수가 없다.

④ 형법(刑法)을 엄하게 시행하지 않으면 살인자 같은 무법자 또는 도적 같은 범법자가 날뛰게 된다. 이들 악한들이 날뛰면 국민 대중의 생활과 안전이 위협을 받고 결국 경망한 뜨내기나 무법자 같은 유랑민들이 모여 득실거리는 반면, 무게 있고 착실한 양민들이 자리를 뜨고 떠나버리게 된다. 이렇게 되면 야단이다. 뜨내기 범법자나 무법자는 착실하게 땅을 파고 농사를 짓지 않는다. 따라서 국토개발이 안되고 농업생산이 없어 나라가 가난해지고, 그 결과 국방력이나 국민의 기풍이 쇠퇴하여 국가 자체가 위태롭게 된다.

경제정책을 중시하고 부국강병책을 강조한 관자가 사경(四經)을 내걸고 마지막에서는 그 나라 땅에 뿌리를 박고 착실하게 땅을 갈고 농사를 지어 국가 생산을 높이는 농사꾼들이라야 참으로 그 나라의 부강을 이룩하고 안전을 보장할 수 있다고 다시 중농정책(重農政策)으로 결론을 지어 내려왔음은 그 서술의 묘(妙)가 있다 하겠다.

이상에서 말한 관자의 주장은 오늘에도 매우 가치 있는 의견이다. ① 국가나 정부의 부정부패, ② 국가 공무원의 악덕, ③ 국민기풍의 타락, ④ 무법자 범법자의 횡포는 국가 패망의 근원이다. 특히 양민(良民), 착한 사람이 쫓기고 나쁜 놈, 범법자, 악덕한(惡德漢)이 판을 치게 되면 그 나라는 국토개발도 생산도 되지 않으며, 결국 국방력이나 국민의 기개도 꺾이어 패망할 것이라는 관자의 말은 생생한 느낌을 받을 수 있으리라 믿는다.

2.

일반적으로 군주들은 보물을 귀중하게 여기고 일가친족들을 가까이하고 인민들을 애호하고 작위나 봉록을 중하게 여긴다.

그러나 훌륭한 군주는 그렇지 않다. 귀중히 여기는 바가 있지만 그것은 보물이 아니고, 가까이하는 바가 있지만 그것은 일가친족들만은 아니고, 애호하는 바가 있으나 그것은 인민 자체는 아니고, 소중히 여기는 바가 있으나 그것은 높은 작위나 봉록을 받는 고관은 아니다.

그러므로 그들 훌륭한 군주는 보물을 귀중하게 여긴 나머지 자기의 명예나 생명을 깎아내리는 일이 없다. 즉 그들은 영을 보배보다 더욱 귀중하게 여기기 때문이다. 또한 일가친족만을 사랑하다가 나라의 사직을 위태롭게 하지도 않는다. 즉 사직을 일가친족보다 더 친애하기 때문이다. 또한 인민들을 애호한다고 해서 나라의 법을 굽히지도 않는다. 즉 나라의 법을 인민보다 더 애호하기 때문이다. 또한 높은 작위나 봉록을 받는 고위 고관들을 높이 여긴다고 해서 그들에게 군주의 위엄이나 권위를 내리는 일도 없다. 즉 높은 작록을 받는 고관들보다 군주의 권위를 더 높이기 때문이다.

이상에서 말한 네 가지에 통달하지 못하면 나라의 통치는 결국 무(無)로 돌아가고 만다. 인민을 다스림에 있어서는 괸물과 같이 해야 한다. 즉 틀 때는 트고 막을 때는 막아야 한다. 또한 인민을 교화 양육함에 있어서는 가축을 사육하듯 해야 한다. 즉 본성을 잘 파악하고, 본성을 따라 키워나아가야 한다. 또한 인민을 부림에 있어서는 풀과 나무의 재료를 활용하듯 해야 한다. 즉 각자의 재질과 기능을 살려가지고 활용해야 한다.

世主所貴者寶也, 所親者戚也, 所愛者民也, 所重者爵祿也.

亡君則不然. 致所貴, 非寶也, 致所親, 非戚也, 致所愛, 非民也, 致所重, 非爵祿也.

故, 不爲重寶, 虧其命, 故曰, 令貴於寶, 不爲愛親, 危其社稷, 故曰, 社稷戚於親, 不爲愛人, 枉其法, 故曰, 法愛於人, 不爲重爵祿, 分其威, 故曰, 威重於爵祿.

不通此四者, 則反於無有. 故曰, 治人如治水潦, 養人如養六畜, 用人如用草木.

- 世主(세주) : 군주(君主).
- 戚(척) : 친족(親族).
- 亡君(망군) : 亡은 良의 오기. 즉 良君으로 고쳐야 한다(校正).
- 致所貴(치소귀) : 귀하게 여기는 바가 있기는 하지만.
- 不爲重寶, 虧其命(불위중보, 휴기명) : 보물을 귀중히 여기기 때문에 자기의 명예나 생명을 깎든가 잃는 일이 없다. 虧는 缺, 또는 減의 뜻.
- 令貴於寶(영귀어보) : 영이 보배보다 귀중하다.
- 社稷(사직) : 社는 토신(土神), 稷은 곡신(穀神)으로, 사직은 국가의 주권, 또는 나라의 뜻으로 쓰인다.

- 枉其法(왕기법) : 나라의 법을 굽힌다.
- 不通此四者(불통차사자) : 이상의 네 가지에 통달하지 못하면. 四者는 令, 社稷, 法, 威를 높여야 한다는 것.
- 反於無有(반어무유) : 反은 歸, 돌아간다. 無有는 현대어 沒有와 같이 없다는 뜻. 즉 종국적으로는 무(無)로 돌아간다.
- 如治水潦(여치수로) : 괸 물에 대한 대책같이 한다. 즉 물이 많을 때는 소통해서 흐르게 하고, 때로는 제방을 쌓아서 흐르는 것을 막거나 또는 물줄기를 바로잡아 준다.
- 如養六畜(여양육축) : 가축을 사육할 때는 동물의 종류와 습성을 파악하고 가려서 키워야 한다.
- 如用草木(여용초목) : 풀과 나무를 쓸 때는 그 재료의 특성을 살려 쓴다. 사람들도 그렇게 소질이나 기능을 가려 써야 한다.

＊영(令), 사직(社稷), 법(法), 위(威), 즉 군주의 영, 나라의 국권, 국법, 군주의 권위 네 가지를 높이고 간직해야 통치할 수 있고, 이를 알지 못하고 지키지 못하면 국가통치는 무(無)로 돌아간다고 경고했다.

특히 관자는 영의 귀중함을 보배와 견주었고, 사직을 일가친족보다 더 친근하게 사랑하라고 했고, 인민보다 국법을 더 아끼고 보호하라고 했고, 군주의 권위를 작위나 봉록이 높은 고관보다 더욱 높이라고 했다. 그와 반대로 영보다 보물을 귀중하게 여기다가는 군주 자신의 위치, 생명까지 잃게 된다. 국가보다 일가친족만을 가까이 하다가는 나라를 잃고 만다. 법보다 사람만을 아끼다가는 법질서가 문란해진다. 고관을 지나치게 높여주다가는 자기의 권위가 무너지고 만다고 간접적으로 경고하고 있다.

현실적인 통치의 술법이라 하겠다.

3.

군주 자신이 몸가짐을 단정하고 엄숙하게 갖고, 천도나 진리에 맞는 정치를 생각하고 정의와 합리적인 행동을 솔선수범하면, 군신들이 감화되어 심복하고 효방할 것이며, 모든 관리들도 엄격하고 단호하게 일을 처리하고 절대로 사심이나 개인감정을 개입시키지 않을 것이며, 모든 사람에 대한 논공행상이나 공로 평가에 있어서도 법의 테두리를 벗어나지 않을 것이다.

내가 친애하는 사람이다, 좌우의 근친자다, 대가의 족속이다, 존귀한 사람이다, 대신이다 하여 그들의 공을 사실 이상으로 높이 평가해서도 안 되며, 반대로 소원한 사람이다, 비천한 자다, 알려지지 않은 사람이다 하여 그들의 공로를 무시해 버려서도 안 된다. 논공행상을 공평무

사하게 하여 죄를 지고 벌을 받아도 윗사람을 원망하지
않으며, 공을 세워 상을 받은 자라 할지라도 그 이상의
탐욕한 생각을 품지 않게 될 것이다. 이렇게 해야 비로소
전쟁터에서 진을 치고 늘어서 있는 전사들도 자기 목숨
을 가벼이 여기고 태연한 자세로 국난을 타개하여 명예
나 영광을 얻고자 할 것이다. 이것이 군사행정을 다스리
는 근본적인 요결이다.

居身論道行理, 則羣臣服敎, 百吏嚴斷, 莫敢開私
焉, 論功計勞, 未嘗失法律也. 便辟, 左右, 大族, 尊
貴, 大臣, 不得增其功焉, 疏遠, 卑賤, 陰不知之人,
不亡其勞. 故有罪者不怨上, 愛賞者無貪心. 則列陳
之士, 皆輕其死而安難, 以要上事. 本兵之極也.

- 居身(거신) : 居는 안정(安定), 부동(不動). 군주가 몸가짐을 의
  연(毅然)하고 엄숙하게 한다는 뜻.
- 論道(논도) : 論은 깊이 생각한다. 道는 천도(天道), 진리(眞
  理). 즉 군주가 항상 천도나 진리에 맞는 정치를 생각한다.
- 行理(행리) : 군주가 정의(正義)에 맞고 합리적(合理的)인 일을
  몸소 실천하고 행한다.
- 服敎(복교) : 교화하여 심복(心服)하고 효방(效倣)한다. 敎는

교화, 또는 效(후·본받는다)의 뜻을 겸하고 있다.

- 莫敢(막감) : 감히 하지 못한다.
- 開私(개사) : 사사로운 정리(情理)를 내밀다.
- 便辟(편벽) : 자기 마음에 드는 사람. 총애하는 자. 辟은 嬖로 통함.
- 愛賞者(애상자) : 受賞者라고 고침이 옳다.
- 列陳之士(열진지사) : 싸움터에 전진을 치고 늘어서 있는 병사들.
- 安難(안난) : 국난(國難)을 맞아도 피하지 않고 태연한 태도로 임하고 몸을 바쳐 극난(克難)한다.
- 要上事(요상사) : 윗사람으로부터 칭찬이나 상 받기를 구한다.
- 本兵之極(본병지극) : 군사행정을 다스리는 요결이다. 本兵은 「爲兵之本」의 뜻. 極은 要訣(요결).

*제5편 승마(乘馬) 제7장 성인(聖人)에서 「윗사람이 하나를 실천하면 밑의 사람은 둘을 효방한다.(上爲一, 下爲二.)」라고 한 바 있다. 여기서 관자는 최고의 통치자인 군주 자신이 「居身, 論道, 行理」, 즉 「몸가짐을 단정히, 진리를 깊이 생각하고 합리적 실천을 하라.」고 가르치고 있다. 그러면 군신이나 모든 관리들이 효방하고 법과 논공행상을 사심(私心)이나 개인적 정리(情理)나 이해관계에 얽매이지 않고 다스릴 수 있을 것이다. 그래야 모든 국민들이 국난을 당했을 때, 죽음마저 가볍게 여

기고 명예를 높여 나라를 위해 싸우는 데 목숨조차 바칠 것이라 했다.

3. 위병지수(爲兵之數)

군사력, 국방력을 강화하는 술책이다. 이에 대하여 관자는 지극히 현실적이고 물질적인 해결책을 제시하고 있다. 천하를 제패하려면 천하를 「커버」할 수 있는 재정과 물질을 바탕으로 우수한 과학자 기술자를 총동원하여 고성능의 장비와 정예무기(精銳武器)를 생산하고 이들을 보유해야 한다. 즉 물질과 과학의 양(量)과 질적(質的) 우위(優位)를 확보해야 한다. 그러나 물질을 활용하는 군인들이나 행정가, 즉 인재(人材)가 뛰어나지 못하면 안 된다. 이들 인재는 엄한 규율과 훈련으로 양성되어야 한다. 동시에 천하를 제패하려면 천하의 형세, 동향에 대한 정보를 항상 정확하고 빠르게 수집해 알고 있어야 한다고 관자는 주장했다. 오늘의 견지에서도 매우 생생한 동감을 주는 예리하고 참신한 아이디어라 하겠다.

그러나 관자는 현실주의적 제패만으로 정치의 도를 다했다고 생각하지를 않았다. 우선 인간이 아무리 훌륭하게 계획하고 준비를 하고 애를 써도 결국 그것은 작은 작용에 지나지 않는다. 보다 큰 작용은 이른바 시운(時運)이다. 이 말은 오늘 우리가 말하는 역사의 흐름, 시대변천에 따르는 대세라고 할 수 있다. 수천 년 전인 춘추시대의 관자는 「大者時也, 小者計也.」라고 했다. 끝으로 관자는 인간의 이상과 절대 진리와 최고선을 따라야 참으로 천하를 바로잡아 다스리는 정치를 하고(正天下), 또한 정치가로 나서서 공을 세울 수 있다(城功立事)는 점을 잊지 않고 주장했다. 즉 관자는 제3장 끝머리에서 「예(禮)와 의(義)를 따라야」 천하를 바로 다스리고 공덕을 이룩한다고 매듭지었다. 이 점에서 실용주의자, 물질주의자, 법치주의자인 관자가 범용한 행정가로 끝나지 않고, 이른바 중국의 전통적 사상가로도 꼽힐 수 있다고 하겠다.

제3장은 방편상 다섯 단절로 나눠 풀이했다.

1.

국방력을 강화하는 방법은, 다음의 여덟 가지라 하겠다.

1) 물자를 풍부하게 해라. 국가적 부를 이룩하면 천하

무적이다.

2) 기술자를 존중해라. 훌륭한 기술자나 공예발달이 있으면 천하무적이다.

3) 강력한 무기를 제작해야 한다. 성능이 강한 무기를 보유하면 천하무적이다.

4) 뛰어난 선비들을 뽑아서 써야 한다. 유능 유덕한 선비를 선출해 등용하면 천하무적이다.

5) 엄하게 군대의 기강을 세워야 한다. 군대를 엄한 기강으로 바로잡으면 천하무적이다.

6) 훈련으로 전투기술을 충분히 습득시켜야 한다. 병사들이 충분히 훈련되면 천하무적이다.

7) 천하의 모든 사정을 넓게 잘 알아야 한다. 천하의 사정을 넓게 잘 알고 있으면 천하무적이다.

8) 임기응변의 술책을 밝게 알아야 한다. 임기응변의 술책을 밝게 알고 있으면 천하무적이다.

이상의 여덟 가지는 전투 이전에 적을 누르고 절대적으로 필승을 거두어 천하에 무적이 되는 계책인 것이다.

爲兵之數, 存乎聚財, 而財無敵, 存乎論工, 而工無敵, 存乎制器, 而器無敵, 存乎選士, 而士無敵, 存

乎政教, 而政教無敵, 存乎服習, 而服習無敵, 存乎
徧知天下, 而徧知天下無敵, 存乎明於機數, 而明於
機數無敵. 故兵未出境, 而無敵者八.

- 爲兵之數(위병지수) : 병을 다스리는 술(術). 즉 군사력, 국방
  력을 강화하는 계책(計策).
- 存乎聚財(존호취재) : 聚財는 재물을 모은다. 存乎는 그렇게
  하는 속에 있다. 즉 군사적으로 반드시 이기는 길은, 국가가
  돈과 물자를 풍부하게 소유하는데 있다는 뜻.
- 財無敵(재무적) : 풍부한 재물이나 물질, 즉 국가적 부를 갖는
  다는 것은, 이미 절대적 우위에 서는 것으로 싸운 적이 없는
  거나 다름없다는 뜻. 無敵은 가장 강하고 반드시 승리한다.
- 論工(논공) : 工은 기술자, 공예. 論은 존중한다.
- 制器(제기) : 우수한 무기를 제작한다.
- 選士(선사) : 훌륭한 선비. 인재를 선발해 쓴다.
- 政敎(정교) : 정치적 교육, 여기서는 엄한 군기(軍紀)나 군율
  (軍律)로 병사를 교육한다는 뜻.
- 服習(복습) : 군사훈련으로 전투기술을 충분히 습득케 한다
  는 뜻.
- 徧知天下(편지천하) : 천하의 모든 정보를 넓게 안다.
- 明於機數(명어기수) : 임기응변(臨機應變)의 대처할 기술을 밝
  게 터득한다.
- 兵未出境(병미출경) : 국경 밖에서 군사행동을 일으키지 않는
  다. 즉 싸우지 않고서, 또는 전쟁이 일어나기 이전의 뜻.

＊관자는 군사력이나 국방력을 강화하여 전투를 하지 않고도 온 천하에 무적이 될 수 있는 방책, 이것은 바로 전쟁이 일어나기 전에 미리 준비해야 할 만반의 국방태세이기도 하다. 그것을 여덟 가지 항목으로 나누어 지적했다. 즉 ① 국가적인 부(富), 풍부한 물자의 확보, ② 우수한 기술자 및 공예, 즉 과학기술의 발달, ③ 고성능 무기의 제작 보유, ④ 유능 유덕한 선비, 즉 뛰어난 인재의 선발과 등용, ⑤ 군기 확립, ⑥ 훈련된 병사, ⑦ 세계나 국제정세에 대한 광범위한 정보 수집, ⑧ 명석하고 민첩한 임기응변의 묘리(妙理).

오늘에도 그대로 들어맞을 탁월한 견해라 하겠다.

2.

천하를 바로잡아 다스리고자 해도 온 천하의 수요를 메꿀 만한 막대한 재정과 물자가 없으면 천하를 바로잡아 다스릴 수가 없다.

막대한 재정과 물자가 있다 해도 온 천하에 활용될 만한 우수한 기술자나 공예기술이 없으면, 역시 천하를 바로잡아 다스릴 수가 없다.

우수한 기술자나 공예기술이 있다 해도 온 천하에 쓸 수 있는 성능 좋은 장비나 무기가 없으면, 역시 천하를 바로잡아 다스릴 수가 없다.

고성능의 장비나 무기가 있다 해도 온 천하에 나서서 일을 할 선비나 군사 같은 훌륭한 인재가 없으면, 역시 천하를 바로잡아 다스릴 수가 없다.

훌륭한 인재가 있다 해도 천하의 일꾼이 될 만한 엄격한 기강이나 군기에 의한 교화가 되어 있지 않으면, 역시 천하를 바로잡아 다스릴 수가 없다.

엄격한 교화가 이루어졌다 해도 온 천하의 선비나 군사로서의 충분한 훈련이 그들 몸에 배어 있지 못하면, 역시 천하를 바로잡아 다스릴 수가 없다.

훈련을 습득시켰다 해도 온 천하의 형세나 정보를 넓게 알지 못하면, 역시 천하를 바로잡아 다스릴 수가 없다.

형세나 정보를 넓게 알았다 해도 때나 운세에 따라 임기응변하는 묘책을 밝게 알지 못하면, 역시 천하를 바로잡아 다스릴 수가 없다.

결국 임기응변의 묘책을 밝게 터득한다는 것이 강력한 군사력 행사의 요결이다.

是以欲正天下, 財不蓋天下, 不能正天下. 財蓋天下, 而工不蓋天下, 不能正天下. 工蓋天不, 而器不

蓋天下, 不能正天下. 器蓋天下, 而士不蓋天下, 不
能正天下, 士蓋天下, 而敎不蓋天下, 不能正天下.
敎蓋天下, 而習不蓋天下, 不能正天下, 習蓋天下,
而不徧知天下, 不能正天下. 徧知天下, 而不明於機
數, 不能正天下. 故明於機數者, 用兵之勢也.

- 財不蓋天下(재불개천하) : 財는 재물, 돈, 물자. 蓋는 덮는다.
  재물이 천하를 덮지 못한다. 즉 천하를 덮을 만한 재물을 갖
  지 못한다는 뜻.
- 用兵之勢(용병지세) : 勢는 세력, 활력(活力), 위력(威力). 用兵
  은 군사활동을 한다. 작전을 한다. 군대를 쓴다. 즉 강력한
  군사활동을 하는 바탕의 뜻.

＊앞에서 말한 군사력, 국방력 강화와 아울러 천하무적이 되
는 길을 거듭 부연했다. 단, 앞에서는 평행적으로 여덟 개 항목
을 늘어놓았으나 여기서는 단계적인 조건을 차례로 몰고 나아
가 종국에 가서 천하통치의 요결은 임기응변의 묘책, 즉 때와
운세를 잘 타고 활용하는 길임을 밝혔다. 「正天下」는 천하를 평
정하고 바로잡고 올바르게 다스린다는 뜻이다. 그러기 위해서
는 다음과 같은 단계적 준비가 있어야 한다. ① 풍족한 재정과
물자가 있어야 한다. 그러나 그들 재물을 ② 과학기술로 공업
화해야 한다. ③ 그러면 고성능의 장비나 무기를 보유하게 될

것이다. 그러나 군사력이나 국방력, 나아가서는 전 세계 통치는 과학, 기술, 물질, 장비, 무기만으로 되는 것은 아니다. 과학이나 물질보다 인간이 절대적인 자리를 차지하는 것이다. 즉 ④ 천하에 나서서 일하고 다스리고 지킬 유능 유덕한 선비나 용감과 정의의 전사가 있어야 한다. 바로 오늘의 세계가 바라고 있는 휴머니스트, 엘리트, 자유와 정의의 전사들이 있어야 한다. 이러한 인재들이 있기만 해도 안 된다. 이들이 크게는 세계평화와 인류의 행복이라는 대의(大義)를 위해, 작게는 조국과 민족의 번영을 위해 한 덩어리가 되고 흔들리지 않는 사회질서 속에서 세계 인류가 조국, 민족의 지상명령에 순종하고 따라야 한다. 이것이 ⑤의 교(敎), 즉 교화와 효방이다. 지상명령과 질서를 따르기만 해도 안 된다. 행동과 실천이 몸에 배어야 한다. ⑥ 습(習)이다. 즉 세계 인류의 평화, 발전, 행복을 위한 훈련이 몸에 배어야 한다. 실천적 휴머니스트가 되어야 한다. ⑦ 세계를 바르게 다스리려면 세계의 정보, 동태, 사정을 항상 넓게, 고루 알아야 한다. ⑧ 그러나 인간의 힘에는 한계가 있다. 역사의 흐름은 나의 의지나 희망이나 이상대로 흐르고 방향 잡히는 것은 아니다. 초인간적인 힘, 이른바 시기, 때와 천운, 운세라는 것이 작용한다. 따라서 이때와 운세를 따라 임기응변하는 명석하고 투철한 조치가 있어야 한다.

종국적으로 말해서 천하통치의 패권은 이때와 운세를 타는 임기응변의 묘리를 잘 터득함에 있다고 관자는 말했다.

3.

천하를 제패하여 바로잡아 다스림에 있어서 가장 크고 긴요하게 작용하는 요인은 시운이며, 인간의 계략은 미소한 자리밖에 차지하지 못한다.

〔현시에도 이른바 왕도를 논한 설이나 책들이 아주 없어진 것은 아니지만 아무도 감히 왕위를 엿보는 자가 없는 것은, 바로 현시의 왕의 다스림이 올바름을 입증하는 것이다. 천하를 다스릴 천자의 은덕은 공평하고 깊이 간직되어야 하며, 그것이 바로 천자가 지켜야 할 예라 하겠다.〕

앞에서 말했듯이, 고성능의 장비나 무기를 갖추어 놓고, 훌륭한 병졸들을 뽑아 추리면 결국 엘리트 지휘관들은 쉽게 승리를 거둘 수 있게 된다. 또한 천하의 형세나 동향에 대한 정보를 넓게 알고 아울러 때나 운세에 대처하는 임기응변의 묘법을 잘 다룰 수만 있다면 거침없이 행동하고 천하의 무적이 될 수 있다. 또한 친선 우애하는 우방국에 대하여는 마냥 이득을 보게 도와주되, 반대로 혐오대립(嫌惡對立)하는 적대국(敵對國)에 대하여는 마냥 손해를 입히게 압력을 가하게 되면, 자연히 다른 나라들도 천자가 영을 내리면 이를 좇아 행하고 금하는 바를 안하게 될 것이다. 따라서 어진 왕은 이러한 회치도를 존중하여 지킨다.

전쟁에 있어 한 나라에 대한 결정적인 승리로써 다른 여러 나라들을 굴복시키면 천하의 모든 나라들이 두려워할 것이며, 소수의 나라들에 대하여 그들의 공을 들어 내세워 상을 줌으로써 다른 많은 나라들에게 본보기로 삼게 하면 천하의 모든 나라들이 깊이 속으로부터 감화될 것이며, 죄 있는 나라에 대하여는 벌을 내리고, 공을 세운 나라에 대하여는 상을 주면 천하의 모든 나라들이 잘 순종하게 될 것이다.

大者時也, 小者計也. [王道非廢也, 而莫敢窺者, 王者之正也. 衡庫者, 天子之禮也.]

是故, 器成卒選, 則士知勝矣. 徧知天下, 審御機數, 則獨行而無敵矣. 所愛之國, 而獨利之, 所惡之國, 而獨害之, 則令行禁止. 是以聖王貴之. 勝一而服百, 則天下畏之矣. 立少而觀多, 則天下懷之矣. 罰有罪, 賞有切, 則天下從之矣.

- 大者時也(대자시야) : 천하를 평정하고 바르게 다스리거나 또는 전장에서 이기는 데 있어 때, 즉 시운(時運)이 더 크게 작용하고 중요한 요인이 된다는 뜻.
- 小者計(소자계) : 인간이 꾸며낸 계략이나 술책 같은 것은 부차적이며 적게 작용한다는 뜻.
- 王道非廢(왕도비폐) : 왕이 되어 나라를 다스리는 길을 가르쳐주는 이론(理論)이나, 그러한 논을 적은 책이 없어진 것은 아니다. 즉 현재도 왕자가 되는 길을 알리는, 이른바 왕도론은 얻어 들을 수도, 공부할 수도 있다는 뜻.
- 莫敢窺者(막감규자) : 감히 왕의 자리를 엿보고 넘보지 못한다.
- 王者之正(왕자지정) : 왕이 현실적으로 정치를 바르게 하고 있기 때문이다. 正은 政에 통한다.
- 衡庫者(형고자) : 나라를 다스릴 임금이 은덕을 누구에게나 저울같이 균형 있고 공평하게 베풀고, 또한 창고에 깊이 숨기듯 간직한다는 뜻.
- 天子之禮(천자지례) : 그렇게 하는 것이 천자가 지켜야 할 예다. 특히 괄호 안에 있는 부분은 다른 데의 글이 혼입(混入)된 것이 아닐까 하는 학자도 있다. 역시 〔 〕 안의 부분은 이곳에서는 삭제해도 무방할 것 같다.
- 卒(졸) : 병졸.
- 士(사) : 넓은 뜻으로는 선비. 그러나 앞에 있는 卒과 대비하여 지휘관(指揮官)으로 풀어도 좋다.
- 獨行(독행) : 마음대로 행동한다.

- 所愛之國(소애지국) : 친선우애(親善友愛)하는 나라.
- 獨利之(독리지) : 그런 나라에게는 마냥 이롭게 해준다.
- 令行禁止(영행금지) : 천자가 일단 영을 내리면, 모든 나라들이 이를 따라 실천하고 금하면 멈춘다.
- 聖王貴之(성왕귀지) : 이상에서 말한바 치도(治道)를 귀중히 여기고 실천한다. 聖王은 聖主라고도 한다.
- 勝一而服百(승일이복백) : 한 나라에 대하여 절대적이고 결정적인 승리를 거둠으로써 나머지 100 나라를 복종케 한다.
- 天下畏之(천하외지) : 온 천하의 다른 나라들이 그 나라를 두려워한다.
- 立少而觀多(입소이관다) : 立은 내세우다. 觀은 보인다. 즉 소수를 내세워 칭찬하고, 상을 줌으로써 다수에게 모범으로 내보인다.
- 懷之(회지) : 속으로부터 감동되어 따른다.
- 罰有罪(벌유죄) : 죄 있는 자를 벌하다.
- 賞有功(상유공) : 공 있는 자를 상주다.
- 從之(종지) : 순종(順從)하다.

＊이 단절에서는 앞의 논지와 중복되는 곳이 있다. 그러나 후반에 가서는 천하에 패권을 잡고 바르게 다스리기 위해 각국에 대응하는 방법을 풀었다. 원칙적으로 친선 우애하는 우방국(友邦國)에 대하여는 적극적으로 원조하여 이득을 보고 크게 자라게 하고, 반대로 증오 대립하는 적대국(敵對國)에 대하여는

온갖 수단을 써서 손해를 입히고 약화되도록 해야 한다. 오늘의 강대국이 그들 블록에 속하는 나라에 대하여 원조, 지원정책을 쓰는 반면, 반대 부류에 속하는 나라에 대하여 봉쇄, 약화정책을 쓰는 것과 같은 원리라 하겠다.

4.

천하에서 가장 정선된 좋은 재료를 추려 모으고, 이것을 가지고 모든 기술자를 동원해서 만든 고성능의 예리한 장비나 무기를 모두 다 갖추어 모아야 한다.

그리고 매년 봄과 가을 두 차례씩 대항 기동연습을 실시하여 군사들을 훈련해야 한다. 그리고 정예부대를 항상 우위에 놓고 높이 받들어야 한다.

무기나 장비 제작에 있어서는 규격에 맞지 않는 것은 사용하지 않으며, 시험에 합격되지 못한 것은 거두어 보관하지 않는다.

한편 천하의 호걸들을 모두 수용하고, 천하의 준수한 영웅들을 모두 옹유한다.

이렇듯 고성능의 정예무기를 보유하고 군사를 훈련하고, 또한 천하의 영웅호걸들을 수용한 다음에, 국가의 비상사태가 발생하거나 전투가 일어나면, 그때에 이들의 힘이나 무기의 위력은 마치 나는 새같이 하늘 위까지 치솟아 오르고, 또는 천둥, 번개같이 천지를 진동케 하고, 비바람 불고 쏟아지듯 마구 퍼부어 댈 것이며, 그들의 힘은 앞에서 덤벼도 당해낼 수 없고, 뒤에서 덤벼도 그들에게 피해를 줄 수가 없으며, 그들은 제멋대로 적진을 뚫고 들었갔다가 또는 뚫고 나왔다가 할 것이며, 그들의 전진을 저지하거나 또는 그들을 포위할 도리는 도저히 없을 것이다.

故聚天下之精財, 論百工之銳器. 春秋角試以練, 精銳爲右. 成器不課不用, 不試不藏. 收天下之豪傑, 有天下之駿雄.

故擧之如飛鳥, 動之如雷電, 發之如風雨, 莫當其前, 莫害其後, 獨出獨入, 莫敢禁圉.

- 聚(취) : 모은다.
- 精財(정재) : 財는 材의 오기라 한다. 즉 정선된 재료. 장비나 무기를 만들 재료를 정선한다는 뜻.
- 論百工之銳器(논백공지예기) : 論은 검토하고 선정해서 추려 모은다는 뜻이다. 즉 모든 기술자들이 만든 고성능의 예리한 장비나 무리를 모아 갖춘다.

- 春秋角試(춘추각시) : 매년 봄과 가을 두 차례에 걸쳐 대항연습(對抗演習)을 갖는다. 角은 비교, 경쟁, 시험한다는 뜻. 試는 시험, 시합하다. 또한 角試를 무기의 성능을 비교하고 시험해 본다로 풀이하는 견해도 있으나 적절하지 못하다.
- 以練(이련) : 춘추의 기동연습을 가짐으로써 군대를 훈련하다.
- 精銳爲右(정예위우) : 대항훈련에서 승리를 거둔 정예군을 상위에 올리다. 右는 上.
- 成器(성기) : 장비나 무기의 제작.
- 不課不用(불과불용) : 규격에 맞지 않는 것은 쓰지 않다.
- 不試不藏(불시부장) : 시험에 합격하지 않은 것은 거두어 보존하지 않다.
- 駿雄(준웅) : 駿은 俊. 준수(俊秀)한 영웅.
- 擧之如飛鳥(거지여비조) : 고성능의 정예무기와 천하의 영웅호걸들을 추려 가지고 있다가 유사시에 이들을 출동시킨다. 그러면 그들의 힘이나 그들 무기의 위력이 나는 새같이 하늘 위로 솟구치기도 한다는 뜻.
- 動之如雷電(동지여뢰전) : 천둥, 번개같이 천지를 진동시키다.
- 發之如風雨(발지여풍우) : 비바람, 쏟아지듯 공격력을 마구 퍼부어대다.
- 莫當其前(막당기전) : 앞에서 당해낼 수가 없다.
- 獨出獨入(독출독입) : 마구 자유자재로 적진 속에 들어갔다가 또는 빠져나왔다가 하다.

• 莫敢禁圉(막감금어) : 도저히 전진을 막지도 또 포위하지도 못하다.

* 막강한 군대, 전투에서 제멋대로 위력을 발휘하고 적을 무찌르는 전투력을 지니는 길은 다름이 아니다. 군사들을 평소에 대대적인 기동연습으로 훈련시켜야 한다. 그리고 온갖 정선된 자료를 최고도의 과학기술을 동원하여 고성능의 정예무기를 보유하고 있어야 한다. 동시에 온 천하의 영웅호걸, 뛰어난 인재들을 추려 모아 두어야 한다.

오늘의 강대국이 된 이유가 바로 관자가 여기서 지적한대로의 과정을 걸쳐 뛰어난 군사력, 국방력, 공격력을 가졌기 때문이다. 특히 핵무기의 보유는 천하무적의 절대 조건임은 두말할 나위도 없다. 원자무기야말로 관자가 말한 「百工之銳器」의 대표적인 것이다.

5.

천하를 잘 다스리고 공덕을 이룩하고자 하면 반드시 예와 의를 따라야 한다. 따라서 예를 따르지 않으면 천하에 군림할 수 없고, 또한 의를 지키지 않으면 만민을 다스릴 수가 없다.

예와 의를 따르고 지켜야 한다는 것을 잘 아는 어진 군주는 필연적으로 천하의 패권을 잡고 만민을 다스릴 승리자의 위치에 서게 마련이다. 따라서 그런 어진 군주야말로 결국 천하를 바로잡아 다스리게 될 것이고, 또 그 아무도 그를 이겨낼 도리가 없는 것이다.

成切立事, 必順於禮義. 故不禮不勝天下, 不義不勝人.

故賢知之君, 必立於勝地. 故正天下而莫之敢御也.

- 成功立事(성공입사) : 立事成功으로 풀이하면 좋다. 事는 정치. 功은 공격. 立은 나서서 일하다. 즉 천하를 잘 다스림으로써 공을 세운다는 뜻.
- 順於禮義(순어예의) : 예와 의를 따라야 한다. 禮의 원뜻은 「하늘의 계시를 받아 천의(天音)나 천도(天道)를 따르고, 그 이상을 구현한다.」이다. 義는 정의, 합리, 적의(適宜), 질서(秩序)의 뜻이 있다. 제1편 목민(牧民)의 사유(四維)의 풀이를 참조하기 바람.
- 御(어) : 禦와 같다. 막다.

*군사력, 국방력의 강화를 위해 물질과 인재의 훈련 등 주

로 실질적인 면을 강조했던 관자가 끝머리에서 짧게나마 예(禮)와 의(義)를 좇고 지키는 것이 종국적인 승리의 길이라 밝혔다. 「正天下」, 즉 천하를 바로잡아 다스리는 길이 자, 「成功立事」, 즉 정치를 하여 역사에 빛나는 공적을 올리는 길은 다름이 아니다. 절대 진리이자 최고선의 권화(權化)이신 하늘의 뜻, 즉 천의(天意)를 좇고, 아울러 하늘이 사람에게 밟으라고 지시해 준 올바른 길을 밟아야 한다. 천의를 좇는 것이 바로 예(禮)이고, 올바른 길을 밟는 것이 바로 의(義)인 것이다.

오늘의 정치도 마찬가지다. 하늘이 내린 절대 진리와 최고선을 지키고 따르면, 전체 세계와 모든 인류의 행복과 번영을 약속하는 휴머니즘의 이상이 정치에서 꽃피어나겠지만, 반대로 진리와 선을 저버리고 더욱 인도(人道)마저 외면한 억압, 포학, 침략을 일삼는다면, 인류는 암흑과 파괴와 비참에 빠져들 것이다. 지난날 독일의 나치와 일본의 군국주의가 바로 그러했다.

동양적으로 말하면, 예와 의를 따르고 지키는 정치는 왕도(王道)의 덕치이며, 이를 외면하고 무작정 무력과 억압으로 누르기만 하는 통치는 패도(覇道)의 학정이라고 한다. 중국의 혁명의 위대한 영도자이자 이상주의자였던 손문(孫文)이 그가 저술한 삼민주의(三民主義)에서 밝힌 바와 같다.

4. 선진(選陳)

실질적인 작전 계획론이다. 즉 「열 번 싸워 열 번 이기고, 백 번 싸워 백 번 이기는(十戰十勝, 百戰百勝)」 필승론(必勝論)이다. 이에 있어 관자는 사전의 치밀한 군사계획, 적국에 대한 상세한 정보 수집, 우수한 지휘관과 고도로 훈련된 군대, 전략물자의 확보, 그러기 위하여 내치(內治)를 잘하고 신상필벌(信賞必罰)로 국민의 사기를 높이고 일체감을 갖도록 해야 한다. 그때의 군대는 천하무적이다. 여하한 국가나 아무리 먼 변경, 어떠한 국민들도 굴복시킬 수 있으며, 천하의 패권을 잡는 기초를 다질 수 있다. 방편상 네 개의 단절로 나누어 풀었다.

1.

일단 치밀한 군사계획을 수립하고 유사시에 군사 행동을 일으키기로 정했으면, 절대로 「천시(天時)」와 「지리(地利)」를 놓치거나 헛되게 해서는 안 된다.

작전의 동원되는 병력의 수가 얼마나 되느냐 하는 결정은 반드시 작전 계획의 규모에 바탕을 두고 내려져야 한다.

무릇 적국을 공격하고 토벌하는 원칙적인 길은 다름이 아니다. 반드시 모든 작전 계획을 사전에 국내에서 면밀하게 완성하고, 그리고 난 다음에 비로소 국경 밖으로 병력을 출동시켜야 한다. 국내에서 충분한 사전 계획도 세우지 못한 주제에 남의 나라에 출병시켜봤자, 그 결과는 뻔하다. 전투에서 이쪽이 패배할 것이고, 공격에서 이쪽이 격파되고 말 것이다.

　사전 계획 없는 전쟁을 하면 아무리 군대를 풀어 놓아도 싸울 능력이 없고, 적의 성읍을 포위한다 하더라도 결정적으로 격파하거나 함락시키지 못할 것이며, 설사 적의 땅을 일시적으로 점거했다 하더라도 끝까지 그 땅을 지키고 실질적으로 지배할 도리가 없는 법이다. 이렇게 되면 그 결과는 뻔한 것이다. 즉 종국적인 패배와 격파를 당하고 말 것이다.

　따라서 적국의 정치를 밝게 알지 못하면 그 나라를 정복할 수가 없는 법이고, 적국의 사정을 밝게 알지 못하면 그 나라에 대해 출병을 해서는 안 되며, 적국의 장군에 대하여 밝게 알지 못하면 그에 앞질러 군사를 움직여서는 안 되며, 적국의 병사들에 대하여 밝게 알지 못하면 앞질러 병사들을 풀어 포진해서는 안 된다.

결국 전투에 있어서는 충분한 사전 계획을 세워서 언제나 내 나라의 많은 수를 가지고 작은 수의 적을 격파할 것이며, 잘 다스려진 내 나라의 힘으로 흩어진 적국을 칠 것이며, 내 나라의 풍부한 재정이나 물자를 활용하여 빈약한 적국을 격파할 것이며, 내 나라의 고성능의 무력을 가지고 전투능력 없는 적국을 격파할 것이며, 충분히 훈련된 내 나라의 군사들을 가지고 오합지졸인 적국의 군대를 격파할 것이다.

　이렇게 하면 열 번 싸워 열 번 다 이길 것이고, 백 번 싸워 백 번 다 이길 것이다.

　若夫曲制時擧, 不失天時, 毋壙地利. 其數多少, 其要必出於計數. 故凡攻伐之爲道也, 計必先定于內, 然後兵出乎境. 計未定於內, 而兵出乎境. 是則戰之自勝, 攻之自毁也.

　是故張軍而不能戰, 圍邑而不能攻, 得地而不能實. 三者見一焉, 則可破毁也.

　故不明于敵人之政, 不能加也. 不明于敵人之情, 不可約也. 不明于敵人之將, 不先軍也. 不明于敵人之士, 不先陳也.

是故, 以衆擊寡, 以治擊亂, 以富擊貧, 以能擊不
能, 以敎卒練士擊毆衆白徒.

故, 十戰十勝, 百戰百勝.

- 曲制(곡제) : 曲은 세밀하고 상세하다. 制는 계획, 조직. 즉 세
  밀하고 상세한 군사계획이나 조직을 수립한다는 뜻.
- 時擧(시거) : 때를 맞추어, 또는 때가 무르익자 군사행동을
  일으킨다.
- 毋壙地利(무광지리) : 壙은 曠. 空의 뜻, 헛되게 한다. 즉 지형
  이나 지리적으로 유리한 조건을 헛되게 하지 말고 잘 이용
  하라는 뜻.
- 其數多少(기수다소) : 작전에 동원하는 군대의 수나 무기, 장
  비의 수가 얼마나 되는가.
- 其要(기요) : 그 필요한 수, 또는 긴요한 수, 그 수의 핵심.
- 攻伐之爲道(공벌지위도) : 적을 공격하도록 토벌하는 원칙적
  인 길.
- 計(계) : 작전 계획.
- 戰之自勝(전지자승) : 勝은 敗의 오기다. 싸움에서 자기 자신
  이 패배하다.
- 自毀(자훼) : 자기 자신이 파괴되고 무너지다.
- 張軍(장군) : 일선에 군대를 배치해도. 싸움터에 군대를 펼쳐
  놓아도 싸울 수가 없다는 뜻.
- 圍邑(위읍) : 적의 성읍(城邑)을 보위해도.
- 得地而不能實(득지이불능실) : 적지를 점령해도 그 땅을 끝까

지 수비하거나 또는 땅을 실질적으로 활용해 쓰지 못한다는
뜻.

- 三者見一(삼자견일) : 셋은 결과가 하나다. 즉 앞에서 말한 세
  가지 일이 일어나면 그 결과는 뻔하다. 적에게 패배되는 길
  밖에 없다는 뜻.

- 加(가) : 공격을 가한다, 덮친다(覆), 능가하다. 적국을 제압
  하여 내 나라에 합친다는 뜻까지 포함시킬 수 있다.

- 約(약) : 서약(誓約). 적을 치기 위해 군대를 출동함에 앞서 군
  인들에게 서약한다. 즉 출동서약을 하지 않는다.

- 不先軍(불선군) : 먼저 전투를 하지 않는다. 軍은 군을 움직이
  다, 발동하다.

- 陳(진) : 진을 치다, 포진하다.

- 以衆擊寡(이중격과) : 다수의 힘으로 소수의 적을 치다.

- 敎卒練士(교졸련사) : 교련이 잘된 군사들.

- 敺衆白徒(구중백도) : 敺는 馳, 건성으로 뛰기만 하는 무리.
  白은 맨손. 敺衆을 강압적으로 쫓겨서 싸움터에 나온 무리
  의 뜻으로 풀기도 한다. 즉 오합지졸(烏合之卒)의 뜻이다.

*관자는 여기서 십전십승(十戰十勝), 백전백승(百戰百勝)하는
작전법을 실질적으로 풀었다. 첫머리에서 그는 면밀하고 치밀
한 군사계획을 수립하고 타이밍을 맞추어 군사행동을 일으키되
「천시(天時)」와 「지리(地利)」를 잃거나 놓치지 말고 활용하라고
타이르고 이어 「공격의 원칙(攻伐之爲道)」은 출병이나 전투에

앞서 사전에 충분한 작전 계획을 수립해야 한다. 무모한 전쟁은 스스로 패배와 괴멸을 이끌어올 뿐이라고 경고까지 내렸다. 그리고 그는 싸우기에 앞서 적을 잘 알아야 한다고 가르쳤다. 즉 적국의 정치형태, 사회 정세, 군 지휘자 및 병사들에 대한 제반사를 충분히 탐지하고 분석하고 평가하고, 이에 대한 전투 대책을 강구해야 한다.

그리고 전쟁은 항상 이기는 전쟁만을 하라. 그 요결은 다름이 아니다. 다수로 소수를 치고, 단결된 힘으로 흩어진 적을 치고, 부강으로 빈약한 적을 치고, 고성능 무기로 무력한 적을 치고, 훈련된 군대로 오합지졸을 격파하는 것이다.

2.

적국이나 유사시에 대한 대비책도 강구하지 않고 군대에 확고한 지휘자도 없으면 남보다 앞질러 적을 알 수가 없다.

전야를 개발하지 않고 지방을 다스릴 관리가 없으면 국가의 재물이 쌓일 수가 없다. 관리들이 상도(常道)를 벗어나 터무니없는 짓을 하면 백성들이 윗사람을 원망하고 미워하게 되며, 따라서 백성의 협조를 얻지 못하므로 국가의 무기, 장비가 쓸모없게 된다. 또한 조정의 정치가 문란해지면 자연 상벌이 흐려지게 되며, 상벌이 흐려지면 백성들은 국가에 대한 봉사를 기피하고 제 한 몸만 요행을 누리며 살고자 한다.

앞질러 적의 동태를 살펴 알게 되면 전투에서 마치 독행(獨行)하듯 걸리는 게 없으며, 국가의 재물이 축적되어 있으면 장기전을 치러도 메마르지 않으며, 무기, 장비의 성능이 우수하면 적을 공격, 토벌해도 손상되지 않으며, 상벌을 밝게 내리면 모든 사람들이 요행을 바라지 않으며, 모든 사람들이 요행을 바라지 않고 제 목숨을 아끼지 않게 되면 국가를 위해 헌신적으로 일을 할 용사들이 적극적으로 잇달아 나타날 것이다.

故事無備, 兵無主, 則不蚤知, 野不辟, 地無吏, 則無蓄積. 官無常, 下怨上, 而器械不切. 朝無政, 則賞罰不明. 賞罰不明, 則民幸生.

故蚤知敵人, 如獨行. 有蓄積, 則久而不匱. 器械功, 則伐而不費. 賞罰明, 則人不幸. 人不幸, 則勇士勸之.

• 事無備(사무비) : 어떠한 일이 일어나도 이에 대한 대책이나 방비책이 없다. 여기서는 적국에 대한 모든 일에 대하여 대

책을 강구하지 않았다는 뜻.

- 兵無主(병무주) : 군대의 중심이 없다. 즉 확고부동한 지휘계통이 없다는 뜻.
- 不蚤知(불조지) : 적국의 동정을 빨리 알 수가 없다.
- 地無吏(지무리) : 지방을 다스리는 관리가 없다.
- 官無常(관무상) : 官은 조정, 정부 또는 관리. 常은 일정한 방침, 표준, 절도.
- 器械(기계) : 장비, 무기, 기계의 뜻 이외에도 넓게 법률이나 기타 기율 같은 문물제도까지 포함한 뜻으로 풀어도 좋다.
- 功(공) : 효력이나 효과를 나타낸다.
- 朝無政(조무정) : 조정에 바른 정치가 없다. 정사가 어지럽다.
- 民幸生(민행생) : 백성들이 생명을 아끼고 요행(僥倖)만을 바라게 된다.
- 不匱(불궤) : 匱는 竭(갈). 다하다.
- 勇士勸之(용사권지) : 용감한 전사들이 적극적으로 자진해서 나온다.

*전투력 강화는 국가와 민족을 위해 혼연히 나의 생명을 바칠 용사(勇士)가 많이 나와야 한다. 국민들이 나라야 망하든 민족이 죽든 나는 모르겠다, 나만 요행히 살아남으면 된다고 해서는 안 된다. 국민이 요행을 바라느냐, 헌신적인 용사가 되느냐 하는 바탕은 국가, 정부가 정치를 바르게 하고 시종일관

일정한 방침을 밀고 나아가며 신상필벌(信賞必罰)을 어기지 말아야 한다. 그래야 국민의 신뢰와 협조를 얻어 효율적인 문물 제도 및 쓸모 있는 장비, 무기도 보유하게 되는 것이다. 이상과 같이 용사(勇士)를 배출시키는 한편, 국토개발과 우수한 지방 관리로 하여금 농촌의 진흥과 증산(增産)을 도모케 하여 국가의 재정과 재물의 부(富)를 확보해야 하며 아울러 적정을 남보다 일찍 탐지해야 한다.

3.

전략가는 다음과 같이 해야 한다. 아군이나 적군 양측의 지리에 정통해야 한다. 분대장이나 반장급인 십장을 잘 장악해야 한다. 매일같이 군수물자를 계량해야 한다. 전투원들을 한마음 한 몸으로 묶어야 한다. 천하의 정보를 넓게 탐지하고 있어야 한다. 그리고 임기응변에 대처하는 기묘(機妙)한 술책을 지니고 있어야 한다. 이상이 군사 지휘관이 할 일이다.

〈이러한 지휘관과 훈련된 정예부대는 다음과 같이 작전과 전투를 할 것이다.〉

하늘에서 불어닥치는 바람, 비같이 어디든지 공격할 수 있다. 따라서 그들에게는 먼 길이란 있을 수 없다. 공중을 높이 나는 새같이 높이 솟구칠 수도 있다. 따라서 그들에게는 여하한 산이고, 강이고 간에 험해서 못 넘고 못 건넌다는 일이 없다. 천둥이나 번개같이 날쌔게 싸운다. 따라서 그들은 적진을 홀로 가도 종횡무진 마구 적을 무찌른다. 그들에게는 대적할 적이 없는 것이다. 그들은 수공법이나 화공법, 즉 초토작전이나 홍수작전을 다 쓸 수 있다. 따라서 그들은 어떠한 적국이라도 공략하고 여하한 적의 성읍도 격파한다. 그들은 금성철벽과 같이 굳게 방비할 줄 안다. 따라서 그들은 자기 나라의 종묘를 영구히 안정되게 하고, 자기 나라의 부모 자녀들을 안락하게 양육할 수 있다. 그들은 상하가 굳게 일치단결하여 바른 정치를 하고 있다. 따라서 그들에게 윗사람이 능히 호령을 내릴 수 있고, 또한 그들 나라의 법은 공명정대할 수가 있다.

그들이 바람, 비같이 공격해 간다는 것은 그만큼 신속하다는 뜻이고, 나는 새같이 높이 오른다는 것은 그만큼 날쌔다는 뜻이고, 천둥이나 우뢰같이 싸운다는 것은 그만큼 적에게 대열을 갖출 틈을 안 준다는 뜻이고, 초토작전과 홍수작전을 겸해 쓴다는 것은 적에게 농경생산이나 수확을 허락지 않는다는 뜻이고, 금성철벽같이 지킨다는 것은 풍부한 돈이나 물자를 활용하여 적진이나 적국 안에 정보의 거점을 두고 적의 동정을 탐지해 낸다는 뜻이고, 상하가 일체가 되어 잘 다스린다는 것은 국민들이 국책에 어긋나는 유언비어나 이론(異論)을 멀리하고, 또한 사치와 희미한 풍속이나 기풍을 금하고 있다는 뜻이다.

故兵也者, 審於地圖, 謀十官, 日量蓄積, 齊勇士, 徧知天下, 審御機數. 兵主之事也.

故, 有風雨之行, 故能不遠道里矣. 有飛鳥之擧, 故能不險山河矣. 有雷電之戰, 故能獨行而無敵矣. 有水旱之功, 故能攻國救邑. 有金城之守, 故能定宗廟, 育男女. 有一體之治, 故能出號令, 明憲法矣.

風雨之行者, 速也. 飛鳥之擧者, 輕也. 雷電之戰者, 士不齊也. 水旱之功者, 野不收, 耕不穫也. 金城之守者, 用貨財, 設耳目也. 一體之治者, 去奇說, 禁雕俗也.

- 兵也者(병야자) : 군사를 담당하는 사람의 뜻, 또는 전략(戰略)이라고 풀어도 좋다.
- 審於地圖(심어지도) : 地圖는 地理. 즉 아국이나 적국의 지리, 또는 전쟁터의 지리에 정통(精通)해야 한다는 뜻.

- 謀十官(모십관) : 十官은 什長. 즉 군인 열 명을 지휘하는 사람. 謀는 잘 다루어 쓰다, 지휘하다, 장악하다.
- 齊勇士(제용사) : 용사들을 교육·훈련시켜 한마음 한 몸으로 만든다.
- 兵主之事(병주지사) : 지휘관이 할 일이다.
- 道里(도리) : 길. 里는 이정(里程).
- 不險(불험) : 험하게 여기지 않는다.
- 水旱之功(수한지공) : 수공법(水攻法), 화공법(火攻法)의 전술을 쓴다는 뜻.
- 攻國救邑(공국구읍) : 救는 拔(발: 공략하다)의 오기라 한다. 적국을 공략하고 적의 성읍을 돌파하다.
- 金城之守(금성지수) : 금성철벽(金城鐵壁)같이 굳게 방어하다.
- 士不齊(사부제) : 번개같이 공격을 가함으로써 적에게 전투 체제를 갖추지 못하게 한다는 뜻.
- 野不收, 耕不穫(야불수, 경불확) : 화공(火攻)은 초토작전(焦土作戰)이고, 수공(水攻)은 홍수작전(洪水作戰)이다. 이러한 양면의 작전으로 적으로 하여금 농사를 짓지도 못하고, 또 농사를 지어도 걷지를 못하게 한다. 즉 적의 생산을 완전히 파괴한다는 뜻.
- 用貨財, 設耳目(용화재, 설이목) : 돈이나 재물을 써가지고 적국 안에 듣고 보는 바를 설치한다. 즉 적국으로부터 정보를 수집하고, 정보 수집의 길을 터놓다의 뜻.
- 去奇說(거기설) : 국책에 맞지 않는 괴변이나 유언비어를 근절시킨다.

- 禁雕俗(금조속) : 화려하고 사치스러운 풍속이나 기풍을 금한다.

  *유능한 지휘관이 통솔하는 훈련된 장병이 있는 군대는 막강하고 천하무적이다. 관자는 그들의 눈부신 전투 활동을 예시했다.

  (1) 하늘에서 어디나 불어대고 쏟아져 내리는 비바람같이 신속한 공격력으로 멀고 가까운 곳 없이 쳐들어갈 수 있다.

  (2) 경첩(輕捷)하고 공중을 높이 나는 날새같이 산이고, 강이고를 험난하다 않고 넘고 건너 진격할 수 있다.

  (3) 천지를 진동하는 천둥·번개같이 적진을 종횡무진(縱橫無盡) 독행(獨行)하며 맹렬한 타격을 줌으로써 천하무적이라 할 수 있다.

  (4) 수공(水攻), 즉 홍수작전(洪水作戰)이나 화공(火攻), 즉 초토작전(焦土作戰)을 겸용함으로써 적국이나 성을 불지르고, 동시에 적의 생산이나 산업의 바탕을 근본적으로 파괴할 수 있다.

  (5) 돈과 재물을 풀어, 적 안에 정보망을 설치하고 적의 정보를 미리 탐지함으로써 자기 나라를 금성철벽같이 굳게 방비하여 종묘를 영구히 안정되게 모시고, 동시에 부모 자녀들을 안락하게 양육한다.

  (6) 상하, 즉 위정자나 국민이 철저한 일체감으로 굳게 단

결된 속에서 바르게 다스리므로 군주의 호령이 국민에게 잘 통하고 공명정대한 법령이 잘 준수될 뿐만이 아니라 국민 스스로가 국책에 어긋나는 의론이나 사설(邪説)을 물리치고, 나아가서는 사치, 낭비 같은 기풍을 일소하게 되는 것이다. 결국 강한 국방력, 백전필승의 전투력은 전 국민이 일체가 되어 바르게 다스리는 데 있음을 암시하고 있다.

4.

그들의 군대는 진격함에 있어 먼 길이 없다. 따라서 무척 멀리 떨어진 변경의 백성들까지도 위압할 수 있다. 또한 그들의 군대는 아무리 험한 산이나 강도 수월하게 넘고 건너간다. 따라서 천연의 요새에 기대어 굳게 방비되었다는 여하한 나라일지라도 능히 굴복시킬 수 있다. 또한 그들의 군대는 종횡무진 독행하고 천하에 무적을 자랑하는지라 영을 내리면 반드시 실천되고, 금하면 반드시 따르고 지킨다. 또한 그들의 군대는 여하한 나라든지, 성읍이든지, 다 공략하고 격파할 힘이 있으므로 힘이 센 동맹국의 원조를 기다릴 필요 없이 자기들이 지목하는 바 나라를 반드시 굴복시키고 만다. 일반 자기 나라에서는 수비를 견고히 하고 언제나 종묘를 안전하게 모시고 부모 자녀들을 안락하게 양육하고 있으므로 다른 어떠한 나라도 침입하여 다치지를 못한다. 이렇듯 안전국방 태세를 갖춘 다음에 국내적으로 국가의 통치권을 확립하고 예의나 법률·제도를 설정하고 명령을 내리는지라, 이에 호응하고 순종하지 않는 자가 없는 것이다. 그럼으로써 비로소 천하의 백성을 다스리고 모든 사람을 하나로 묶어 귀일시킬 수 있는 것이다.

不遠道里, 故能威絶域之民. 不陰山河, 故能服恃固之國. 獨行無敵, 故令行而禁止. 故攻國救邑, 不恃權與之國, 故所指必聽. 定宗廟, 育男女, 天下莫之能傷. 然後可以有國, 制儀法, 出號令, 莫不嚮應. 然後可以治民一衆矣.

- 能威(능위) : 위압(威壓)할 수 있다.
- 絶域(절역) : 멀리 떨어져 있는 곳. 변경지대.
- 服(복) : 굴복시키다. 복종시키다.
- 恃固之國(시고지국) : 천연지세(天然地勢), 즉 지리(地利)를 얻어 방비가 견고하다고 믿고 있는 나라.
- 救邑(구읍) : 救는 拔(발)의 오기. 앞에 나왔다.
- 不恃權與之國(불시권여지국) : 恃는 待의 오기. 權與之國은

권력 있는 여국(與國), 즉 자기 나라의 편을 들거나 도와주는 나라. 오늘의 원조국, 우방국, 동맹국.

- 所指必聽(소지필청) : 지목한 나라는 반드시 굴복시켜 영을 받들게 한다.
- 嚮應(향응) : 명령이나 주장에 호응하고 뒤따라오다.
- 治民一衆(치민일중) : 백성들을 다스리고 대중을 하나로 묶는다. 治民이나 一衆이나 구조상으로는 「동사+목적어」의 구조다.

＊앞에서 말한바 우수한 지휘관에게 통솔된 막강한 군대가 있으면 천하의 어떠한 나라라도 공략하고 굴복시킬 수 있다. 그러나 공략만이 능사가 아니다. 내 나라의 국방과 내치(內治)가 안태롭게 이루어져야 한다. 특히 국가의 통치권이나 질서가 확립되고 예의(禮儀)가 바로잡히고, 다시 모든 문물제도와 법령 규율이 제정되고, 이들을 백성이나 국민들이 일치단결하여 순종하고 호응해야 한다. 그러고 난 다음에 비로소 천하에 호령하고, 천하의 백성들을 잘 다스리고, 또한 온 천하의 백성, 즉 오늘의 전 세계의 인류들을 하나의 이상으로 귀일시키고, 하나의 인류라는 일체감으로 묶을 수 있는 것이다.

관자의 이상은 높다. 관자는 권력주의나 군략주의만으로 끝나지 않았다.

제7편 오보五輔 외언外言 2

오보(五輔)는 정치를 성공적으로 이룩하기 위한 다섯 가지 단계, 즉 덕(德), 의(義), 예(禮), 법(法), 권(權)을 가리키는 말이다.

누구나 천하를 통일하고 제후(諸侯)들을 제패하고, 천하를 바로잡아 다스리고, 역사에 빛나는 공덕(功德)을 이룩하고자 한다. 그런데 그 바탕은 다름 아닌 「민심을 얻고 국민의 지지를 받는 것」이라고 관자는 단언했다. 다음으로 민심을 얻고 국민의 지지를 받는 길은 바로 「국민들을 이롭게 해주는 것, 그들에게 이득을 주는 것」이라고 또 단언했다. 너무나 평범하면서도 비범한 정치의 진리를 토로한 것이라 하겠다. 즉 관자는 말했다. 「국민들을 이롭게 하는 데는 바른 정치로 이들을 교화, 훈도하여 나가는 것이 최고다.(利之之道, 莫如敎之以政.)」(七~二) 단, 관자가 말하는 교화·훈도는 유가(儒家)가 말하는 정신적인 도덕만을 가리키지 않는다. 물질적인 부유, 생산개발을 통해 국민생활을 안정과 풍족으로 이끌어가는 것이 일차적인 주장으로 강조되어 있다. 우선 국민생활이 안정되고 국가 재정이 풍부해야 국민의 도덕도 실천되고, 국가의 예치(禮治)도 바로잡힌다고 하는 것이 경제 제일주의자 관자의 태도다.

이러한 정치의 요결(要訣)로서 관자는 다음과 같은 단계적 방법을 제시했다.

덕(德)→의(義)→예(禮)→법(法)→권(權).

〈1〉 덕(德)은 국민에게 덕을 베푼다는 뜻이다. 그것으로 여섯 가지 진흥책이 있다고 하여 육흥(六興)이라 했다.

〈2〉 덕을 안 다음에는 의(義)다. 의는 사회질서를 유지하고 정의를 지키는 덕목이다. 이를 실천하기 위해 일곱 가지 본질적 바탕이 있다고 하여 칠체(七體)라 했다.

〈3〉 다음으로는 예(禮)를 알고 지켜야 한다. 예는 윤리도덕이자 인간관계의 조화(調和), 나아가서는 정치의 예술화(藝術化)라 하겠다. 예를 지키면 온갖 인류는 형제가 되는 것이다. 예를 지키는 줄기로 여덟이 있으므로 팔경(八經)이라 했다.

〈4〉 그 다음에 국민들은 저마다의 직무와 책임을 잘 인식하고 이를 완수해야 한다. 이를 관자는 다섯으로 나누어 가지고 오무(五務)라 했다.

〈5〉 끝으로 천운(天運), 지리(地利), 인화(人和)야말로 정치의 승패를 결정지어주는 최대의 요인이라고 하며, 이를 잘 살피고 이를 잘 활용하라는 뜻으로 권(權)에는 삼도(三度)가 있다고 했다.

이 번역본에서는 오보(五輔) 전편을 방편상 여덟의 단절로 나누었으며, 본문의 끝머리 한 단절은 대의가 중복되는 바 많아 생략했음을 밝혀 둔다.

- 不朽의 眞理 -

古之聖王, 所以取明名廣譽, 厚功大業, 顯於天下, 不忘於後世, 非得人者, 未之嘗聞. (7~1)

暴王之所以失國家, 危社稷, 覆宗廟, 滅於天下, 非失人者, 未之 嘗聞. (7~1)

人不可不務也, 此天下之極也. (7~1)

得人之道, 莫如利之. (7~2)

夫民必得其所欲, 然後聽上. 聽上, 然後政可善爲也. (7~4)

夫民必知義然後中正, 中正然後和調, 和調乃能處安, 處安然後動威, 動威乃可以戰勝而守固. (7~5)

曰, 上下有義, 貴賤有分, 長幼有等, 貧富有度, 凡此八者, 禮之經也. (7~6)

上下亂, 貴賤爭, 長幼倍, 貧富失, 而國不亂者, 未之嘗聞也. (7~6)

八者各得其義, 則爲人君者, 中正而無私. (7~6)

爲人臣者, 忠信而不黨, (7~6)

爲人父者, 慈惠以敎, (7~6)

爲人子者, 孝悌以肅, (7~6)

爲人兄者, 寬裕以誨, (7~6)

爲人弟者, 比順以敬, (7~6)

爲人夫者, 敦懞以敬, (7~6)

爲人妻者, 勸勉以貞. (7~6)

夫人必知禮, 然後恭敬, 恭敬然後尊讓, 尊讓然後少長貴賤不相踰越. 故亂不生而患不作. (7~6)

君擇臣而任官, 則事不煩亂. (7~7)

士修身功材, 則賢良發. (7~7)

夫民必知務, 然後心一, 心一然後意專. 心一而意尊, 然後功足觀也. (7~7)

天時不祥, 則有水旱, 地道不宜, 則有飢饉, 人道不順, 則有禍亂. 此三者之來也, 政召之. (7~8)

故民必知權然後舉措得, 舉措得則民和輯. 民和輯, 則功名立矣. (7~8)

1.

옛날의 성왕들이 빛나는 이름을 남기고, 넓게 명예를 떨치고, 두터운 공덕과 위대한 업적을 쌓아 올리고, 나아가서는 온 천하에 빛을 내고, 후세에 기리 잊히지 않고 있지만 그 이유는 다름이 아니다. 그들이 인민의 지지와 민심을 얻었기 때문이다. 민심을 얻지 못한 군왕으로 빛을 낸 일은 절대로 없다.

이와는 반대로 자고로 폭왕들이 나라를 잃고, 사직을 위태롭게 하고, 종묘를 뒤엎게 하고, 나아가서는 천하를 멸하게 만든 이유는 다름이 아니다. 그들이 민심이나 인민의 지지를 얻지 못했기 때문이다. 인민의 지지나 민심을 얻은 임금으로 천하를 망친 예는 절대로 없다.

오늘 국토를 통치하고 있는 군주들은 누구나 다 안태롭게 왕위를 간직하고자 원하고, 사방에 권세를 떨치고

자 원하고, 싸워 이기고자 원하고, 제 나라를 굳게 지키고자 원하며, 크게는 천하의 왕자가 되고, 작게는 제후들을 제패하고자 바라고 있다. 그러나 민심이나 인민의 지지를 얻는데 힘을 기울이지 않으면 작게는 싸움에서 패배하고 국토를 남에게 빼앗길 것이며, 크게는 자기 자신도 죽고 나라도 망하게 될 것이다.

그러므로 만민의 민심과 인민의 지지를 얻는 데 가장 애를 써야 한다. 그것이 천하를 잡고 다스리는 핵심이다.

古之聖王, 所以取明名廣譽, 厚功大業, 顯於天下, 不忘於後世, 非得人者, 未之嘗聞. 暴王之所以失國家, 危社稷, 覆宗廟, 滅於天下, 非失人者, 未之嘗聞.

今有土之君, 皆處欲安, 動欲威, 戰欲勝, 守欲固, 大者欲王天下, 小者欲霸諸侯. 而不務得人, 是以小者飛挫而地削, 大者身死而亡國. 故曰, 人不可不務也, 此天下之極也.

- 明名(명명) : 역사에 빛나는 명성.
- 廣譽(광예) : 온 세상에 퍼진 명예.
- 厚功(후공) : 두터운 공덕(功德).

- 大業(대업) : 위대한 업적. 단「明名廣譽」,「厚功大業」으로 읽어도 좋다.
- 顯(현) : 밝게 나타나다. 빛나다.
- 非得人(비득인) : 得人은 인민의 마음, 즉 민심(民心)을 얻고, 또한 인민의 지지를 얻다. 非는 그렇지 못하다.
- 未之嘗聞(미지상문) : 여태껏 그렇다 함을 들은 일이 없다. 즉 그런 일은 없다는 뜻.
- 失人(실인) : 인민의 지지나 민심을 잃고 얻지 못하다.
- 有土之君(유토지군) : 국토를 지니고 통치하는 임금.
- 處欲安(처욕안) : 처(處)에 있어 안락을 바라다. 즉 안태(安泰)롭게 왕위(王位)에 있고자 바란다는 뜻.
- 動欲成(동욕위) : 자기나 국가의 권위 또는 위세를 사방에 뻗어나게 하고자 원한다. 즉 국위를 국외에까지 진동시키고자 한다. 動은 외국에 대한 무력공세나 외교공세를 상징한다.
- 大者(대자), 小者(소자) : 크게는, 작게는.
- 覇諸侯(패제후) : 제후들을 제패하고자 하다.
- 兵挫(병좌) : 무력적으로 꺾이다. 패배당하다.
- 地削(지삭) : 국토를 빼앗기다. 침략당하다.
- 身死(신사) : 임금 자신이 죽다.
- 亡國(망국) : 나라를 망치다.

*국민 개개인의 민심(民心)을 얻고, 또한 그들의 지지를 받는 것만이 정치적으로 성공하는 길이다. 고대의 성왕(聖王)과

폭군(暴君)의 가름도 바로 민심을 얻었느냐, 못 얻었느냐에서 비롯했던 것이다. 통치권(統治權) 확립, 국위선양(國威宣揚), 국방력(國防力) 강화, 이들 모두가 위정자가 민심을 얻고, 국민의 지지를 받는 데서 이루어지는 것이다. 반대로 국토를 빼앗기고, 국가를 멸망의 구렁으로 빠뜨리고, 종국에 가서는 통치자 자신의 목숨마저 잃는 비극도 말하자면 민심과 국민의 지지를 얻지 못한 데서 연유되는 것이다.

민심을 얻는 것이 정치의 핵심이라고 주장한 관자의 말은 천고에 남을 참말(眞言)이라 하겠다.

2.

그렇다 치고 민심이나 국민의 지지를 얻는 길은 바로 국민들의 이익을 보장해 주는 것이다. 그리고 국민들의 이익을 보장해 주는 데는 역시 바른 정치로써 국민들을 잘 교화하고 선도하는 것이 최상의 길이다.

따라서 나라를 바르게 잘 다스리면, 그 결과 논이나 밭이 개간되어 농업 생산이 높아지고, 서울이나 지방의 도시들이 알차게 번성하고, 조정이 안태롭고 조용하면서도 나라의 모든 관부들이 잘 다스려지고, 사회적으로 공중도덕이나 법률이 잘 지켜지고 시행되는 반면 개인적이고 이기적인 모든 사악한 범죄가 멈추게 될 것이며, 국가나 국민의 창고에 재물이 충만하게 저장되어 경제 안정을 누리며, 따라서 예절을 지키게 됨으로써 범죄자가 없어 교도소가 텅텅 비게 될 것이며, 현명하고 덕 있는 사람들이 천거되어 등용되는 반면 간악한 무리들이 물러나게 될 것이며, 그 나라의 관직자들은 공명정대를 높이고 아첨을 멸시할 것이며, 그 나라의 군사나 국민들은 무용을 귀중히 여기고 사리사욕을 천시할 것이며, 일반 서민들은 농경·생산을 좋아하고 낭비·소비를 싫어하게 될 것이다.

이렇게 되면 국가의 재정이 풍족하게 되고, 국민의 생활필수품이 풍요하게 될 것이며, 따라서 국가도 여유를 갖고 국민에 대한 조세나 부역도 감면하게 될 것이며, 국민들도 국가의 영을 잘 듣고 따를 것이며, 국가의 처사에 대하여 싫어하거나 원망하는 일도 없을 것이며, 위아래가 화동하고 일치단결하고 더욱이 서로 예의를 지키게 될 것이다.

따라서 그 나라의 임금은 안태롭고, 국가의 위세는 사방에 뻗고 싸움에 이기고 수비가 굳게 될 것이며, 결국에 가서는 결정적인 일전으로 천하의 제후들을 평정하여 천

하의 패권을 쥐고 천하를 바로잡아 잘 다스리게 되는 것
이다.

曰, 然則得人之道, 莫如利之. 利之之道, 莫如敎
之以政, 故善爲政者, 田疇墾而國邑實, 朝廷閒而官
府治, 公法行而私曲上, 倉廩實而圄圄空, 賢人進而
姦民退, 其君子上中正而下詔諛, 其士民貴武勇而
賤得利, 其庶人好耕農而惡飮食.

於是, 財用足, 而飮食薪菜饒. 是故, 上必寬裕, 而
有解舍, 下必聽從, 而不疾怨, 上下和同, 而有禮義.

故處安而動威, 戰勝而守固. 是以一戰而正諸侯.

- 莫如利之(막여이지) : 利之는 백성들을 이롭게 하다, 국민의
  이익을 도모하다. 莫如는 그렇게 하는 것이 가장 좋다는 뜻.
- 敎之以政(교지이정) : 以政敎之와 같다. 政은 正. 바른 정치를
  가지고 국민들을 교화 · 훈도한다.
- 田疇墾(전주간) : 전답을 개간하다. 즉 농업 생산을 진작한다
  는 뜻.
- 國邑實(국읍실) : 國은 수도, 국도(國都). 邑은 성읍(城邑), 도
  읍(都邑). 지방 도시로 풀 수도 있고, 또는 國은 국고(國庫),
  읍은 지방의 저장고(貯藏庫)라고 풀어도 좋다. 따라서 實도
  전자의 경우는 도시가 째이고 번성하다. 후자의 경우는 재

정이 충실하다, 재물이 꽉 찼다로 풀이될 수 있다.

- 私曲(사곡) : 개인적이고 이기적인 사악한 범죄.
- 囹圄空(영어공) : 교도소가 비다. 국민의 경제생활이 풍족하면 국민들이 예, 의, 염, 치(禮義廉恥)를 가지고 지키게 된다. 따라서 파렴치한 범죄를 저지르는 자도 없게 된다(牧民篇 國頌參照).
- 進(진) : 나서서 일하다. 등용되다.
- 奸民退(간민퇴) : 奸은 姦, 姧과 같다. 간악한 무리들이 물러나다.
- 君子(군자) : 여기서는 정치에 참여하는 선비, 관직자(官職者)의 뜻으로 보는 것이 좋다.
- 上中正(상중정) : 上은 높이다. 中正은 공정(公正), 공명정대(公明正大).
- 下詔諛(하첨유) : 下는 멸시하다, 얕게 보고 꺼리다. 詔諛는 아첨.
- 貴武勇(귀무용) : 무용을 귀하게 여기다. 국가를 위해 용감하게 나서서 싸우는, 헌신하는 것을 귀중히 여긴다. 그래야 나라가 부강해진다.
- 賤得利(천득리) : 개인적인 이득, 장사꾼 같은 이득 보는 것을 천시한다. 장사꾼, 이기주의자만이 들끓는 나라는 망하게 마련이다.
- 庶人(서인) : 서민. 일반 백성.
- 惡飮食(오음식) : 앞에 있는 「好耕農」과 대조적으로 풀어야 한다. 먹고 마시는 것 같은 소비나 낭비를 싫어한다는 뜻이다.

- 財用足(재용족) : 재정, 물자, 비용, 용도가 풍족하다.
- 饒(요) : 풍성하다.
- 上必寬裕(상필관유) : 上은 국가, 또는 국가 재정. 寬裕는 풍성하고 여유가 있다는 뜻.
- 有解舍(유해사) : 舍는 버리다, 면제하다. 즉 국가가 백성들의 부역(賦役)이나 조세(租稅)를 감면(減免)해 주게 된다는 뜻.
- 下必聽從(하필청종) : 국민들이 나라의 명령을 잘 듣고 순종하다.
- 疾怨(질원) : 싫어하고 원망하다.
- 一戰而正諸侯(일전이정제후) : 한번 결정적인 전투로 제후들을 평정하여 천하를 바로잡아 잘 다스린다는 뜻.

*민심을 얻고 국민의 지지를 받는 길은 다름이 아니다. 국민들의 이득을 보장해 주는 것 이외에 아무것도 아니다. 관자는 목민편(牧民篇) 사순(四順)에서 「주는 것이 얻는 것임을 아는 것이 바로 정치의 보배로운 요결이다.(故知豫之爲取者, 政之寶也.)」라고 한 바 있다. 그럼 국민의 이득을 어떻게 보장하는가? 이에 대해 관자는 「敎之以政」, 즉 바른 정치로 국민을 교화·훈도하면 된다고 했다. 관자가 말하는 「敎之以政」은 다름이 아니다. 농업생산을 높여 국가나 국민의 경제적 부를 이룩하는 것이 가장 앞서야 하고, 또한 가장 높여야 할 일이다. 원래 관자는 경제 제일주의자다. 이렇듯 경제적 부를 이룩하고 나면 다

음의 문제는 쉽게 해결된다고 보았다. 즉 국가 정사(政事)를 간소화하고도 모든 행정관청이 기능을 발휘할 것이다. 사회의 공법을 지키고 개인주의, 이기주의적인 범행을 근절시킨다. 물질적 생활 안정은 정신적 도덕심을 높일 것이므로 범죄자가 없게 된다. 유능유덕한 사람이 등용되고 악덕무능한 자가 물러난다. 관직자들이 공명정대를 높이고 아첨을 싫어한다. 군인이나 선비들이 국가에 대한 헌신과 무용을 숭상하고 사리사욕을 천시한다. 일반 백성이 근로, 생산을 높이고 낭비, 소비를 멀리한다. 이렇게 되면 자연히 국가와 국민이 서로 여유를 갖고 국가는 국민을 수탈할 필요가 없고, 국민은 더욱 국가를 믿고 의지하게 되어 일체가 될 것이다.

국민과 국가의 총화일체(總和一體)가 이룩되면 천하에 패권을 잡을 수 있고, 또한 천하를 바로잡아 다스릴 수가 있다.

3.

위정자가 정치를 잘못하면 그 결과 논이나 밭이 황폐하고 서울이나 지방의 도읍이 폐허가 될 것이며, 조정이 시끄럽고 분란에 싸이고 지방의 관부들은 문란해질 것이며, 사회적 공법은 폐기되고 이기적인 악행만이 성행하게 될 것이며, 재물이 바닥나 창고가 텅 비고 반대로 범죄자가 늘어 교도소만이 가득찰 것이며, 현명한 사람이 물러나고 간악한 자가 등용될 것이며, 모든 관직자들이 아첨을 일삼고 공명정대를 멸시하게 될 것이며, 모든 군사나 국민들이 사리사욕을 숭상하고 헌신적인 무용을 천시할 것이며, 일반 백성들이 먹고 마시는 소비만을 좋아하고 농경 생산을 싫어할 것이다.

이렇게 되면 국가의 재정이 고갈되고 국민의 생필수품조차 결핍하게 될 것이며, 따라서 국가는 더욱 잔인하고 혹독하게 국민을 수탈하게 될 것이며, 또한 국민들은 국가에 대하여 불신과 의심만을 품고 방관하며 국가의 영을 따르지 않을 것이며, 국가와 국민이나 윗사람이나 아랫사람들이 서로 상반되는 이해관계에 서서 서로 다투고, 서로 뺏음으로 화목 단결하지 못하게 될 것이다.

결국 왕의 자리도 불안해지고 나라의 위신도 밖으로 뻗지 못할 것이며, 다른 나라와 싸우면 패배할 것이며, 국가의 방위력도 약화될 것이며, 나아가서는 작게는 남에게 무력적으로도 꺾이고 남에게 국토도 침략당하게 될 것이며, 크게는 제 자신의 목숨도 잃고 나라도 망치고 말 것이다.

이상에서 보듯 정치를 신중히 잘하지 않으면 안 된다.

不能爲政者, 田疇荒而國邑虛, 朝廷凶而官府亂,
公法廢而私曲行, 倉廩虛而囷囷實, 賢人退而奸民
進, 其君子上諂諛而下中正, 其士民貴得利而賤武
勇, 其庶人好飮食而惡耕農.

於是, 財用匱, 而食欲薪菜乏, 上彌殘苟, 而無解
舍, 下愈覆鷙, 而不聽從, 上下交引而不和同.

故, 處不安而動不威, 戰不勝而守不固, 是以, 小
者兵挫而地削, 大者身死而國亡.

故以此觀之, 則政不可不愼也.

- 朝廷凶(조정흉) : 보정이 시끄럽다.
- 匱(궤) : 고갈되다.
- 乏(핍) : 결핍되다.
- 彌(미) : 더욱.
- 殘苟(잔구) : 苟는 苛의 오자라고 보고, 잔인가혹(殘忍苛酷)으로 풀기도 하며, 또는 苟를 구차(苟且)라고 풀기도 한다.
- 覆鷙(복지) : 覆은 이리저리 뒤집어 보다. 鷙는 의심하다. 즉 국민들이 나라를 못 믿고 의심하고 눈치만 살핀다는 뜻.
- 上下交人(상하교인) : 윗사람이나 아랫사람, 즉 나라와 국민이 서로 다투고 서로 상반된 이득을 꾀하고 잡아당긴다.

*바로 앞에서 정치를 바르게 잘함으로써 「一戰而正諸侯」

하는 것과 정반대의 현상을 논했다. 즉 정치를 잘못하면 결국 자신도 죽고 나라도 망친다고 경고하고 있다. 이때에 정치를 잘못한다는 뜻은 생산성을 높이지 못하고, 따라서 민생안정(民生安定)의 실패, 나아가서는 민심파악(民心把握)의 실패를 말하는 것이다.

4.

덕을 일으키는데 여섯 가지 정책이 있고, 의를 실천 하는데 일곱 가지 바탕이 있고, 예를 지키는데 여덟 가지 줄기가 있고, 법을 이행하는데 다섯 가지 임무가 있고, 대세를 활용하는데 세 가지 척도가 있다.

덕의 육흥(六興)이란, 다음의 여섯 가지 진흥책을 말한다.

(1) 농토를 개발하고, 택지를 조성하고, 식수식림과 원예재배를 잘하고, 관민의 적극적인 근로정신을 앙양하고, 농경, 생산의 실적을 올리게 하고, 주택, 가옥의 건설, 수축에 힘을 쓴다. 이것이 이른바 국민후생이자 생산 진흥이다.

(2) 매장되어 있는 경제적 이득을 개발 생산하고, 한 곳에 축적되어 있는 물자를 없는 곳으로 수송하여 활용

케 하고, 도로를 개통, 보수하고, 관문이나 시장의 편리를 도모하고, 물자의 수송이나 저장을, 또는 여행과 숙박의 편의를 기한다. 이것이 이른바 운수정책이다.

(3) 모든 수로(水路)를 잘 트고, 제방이나 도랑을 축조(築造)하고, 괸 물이나 흙, 막힌 곳을 트고 뚫는 준설(浚渫)을 하고, 우거진 산림이나 정글 속에 길을 트고, 나루터나 교량을 잘 개통케 한다. 이것이 이른바 수리(水利)정책이다.

(4) 국민에게 부과하는 노역이나 잡부금을 적게 덜고, 세금이나 부역을 경감하고, 형벌을 가볍게 하고, 범죄에 대한 사면도 베풀고, 작은 과실을 용서해 준다. 이것이 이른바 정치의 관용이다.

(5) 연장자나 노인들을 보양하고, 어린아이들이나 고아들을 자육(慈育)하고, 의지할 곳 없는 홀아비나 과부들을 도와주고, 질병에 걸린 사람이나 재화 또는 상을 당한 사람들을 위문, 위안, 문상한다. 이것이 이른바 국민에 대한 긴급 원조다.

(6) 추위에 떠는 사람에게 옷을 입게 해주고, 굶주리고 목마른 사람에게 음식을 주고, 빈곤한 사람을 도와주고, 피폐하고 쇠약한 사람을 구제해 주고, 결핍하고 메마른

사람에게 도움을 준다. 이것이 이른바 국민에 대한 빈곤 구제정책이다.

이상에서 말한 여섯 가지 진흥책이 바로 덕을 일으키는 바탕이다. 이 여섯 가지 진흥책이 잘 퍼지고 성과를 거두면 백성들은 원하는 바 부족함이 없이 만족시킬 수 있게 된다. 백성들이 자기들의 요구를 다 충족시키게 되면 자연히 윗사람의 말을 잘 들을 것이고, 따라서 나라의 정치가 잘 다스려지게 되는 것이다.

따라서 덕, 즉 국민들에게 덕을 베푸는 진흥책을 높이 일으키지 않으면 안 된다.

德有六興, 義有七體, 禮有八經, 法有五務, 權有三度.

所謂六興者何. 曰, 辟田疇, 利壇宅, 修樹蓺, 勸士民, 勉稼穡, 修牆屋. 此謂厚其生. 發伏利, 輸墆積, 修道途, 便關市, 愼將宿, 此謂輸之以財. 導水潦, 利陂溝, 決潘渚, 潰泥滯, 通鬱閉, 愼津梁, 此謂遺之以利. 薄徵斂, 輕征賦, 弛刑罰, 赦罪戾, 宥小過, 此謂寬其政. 養長老, 慈幼孤, 恤鰥寡, 問疾病, 弔禍喪, 此謂匡其急. 衣凍寒, 食飢渴, 匡貧窶, 振罷露, 資之

絶, 此謂振其窮.

凡此六者, 德之興也. 六者旣布, 則民之所欲, 無不得矣.

夫民必得其所欲, 然後聽上. 聽上, 然後政可善爲也.

故曰, 德不可不興也.

- 德有六興(덕유육흥) : 덕을 일으키는 여섯 가지 일. 즉 백성에게 덕정(德政)을 베풀어 백성들의 생활을 흥성케 해주는 여섯 가지 기본정책.
- 義有七體(의유칠체) : 질서나 화친(和親)을 이룩하는 일곱 가지의 기본적 덕행. 體는 븐질적 행동, 기본 내용.
- 禮有八經(예유팔경) : 예의나 예절을 지키기 위한 여덟 가지의 기본.
- 法有五務(법유오무) : 사회적인 책임을 완수하는 다섯 가지의 의무.
- 權有三度(권유삼도) : 하늘과 땅 및 인간에 대처하는, 즉 대세를 타는 세 가지 척도.
- 利壇宅(이단택) : 利는 制의 오기. 택지(宅地) 조성이나 주택(住宅) 건축을 하다.
- 修樹藝(수수예) : 식림(植林) 및 원예(園藝)를 진흥시키다.
- 勸士民(권사민) : 관민(官民)들이 적극적으로 일하다.
- 勉稼穡(면가색) : 稼는 곡식을 심다. 穡은 곡식을 걷다. 즉 농

경, 수확에 힘쓰다.

- 修牆屋(수장옥) : 담장이나 가옥을 건축 또는 수축하다.
- 厚其生(후기생) : 인민생환의 후생, 또는 생산을 높이다.
- 發伏利(발복리) : 숨어 있는 또는 미개발의 경제적 이득을 개발하고 발굴하다.
- 輸㟮積(수체적) : 㟮는 滯. 쌓여 있는 화물을 수송하다.
- 修道途(수도도) : 도로를 개통, 또는 보수하다.
- 便關市(편관시) : 성읍(城邑)의 관문이나 시장의 교통을 편하게 한다.
- 愼將宿(신장숙) : 將은 送. 물자의 발송이나 저장을 신중히 한다. 또한 여행자의 여행 및 숙박을 한다는 뜻으로 푼다.
- 導水潦(도수로) : 물길을 내다. 관개수로나 배수로를 트다.
- 利陂溝(이파구) : 利는 制의 오기. 陂는 坡(파)와 같다. 제방이나 도랑을 축조(築造)하다.
- 決潘渚(결반저) : 決은 트다. 潘渚는 물이 막히어 잘 안 빠지는 곳.
- 潰泥滯(궤니체) : 진흙에 막힌 곳을 터서 뚫는다. 하천의 준설(浚渫).
- 通鬱閉(통울폐) : 정글같이 나무에 꽉 막힌 곳을 뚫어 통로를 트다.
- 愼津梁(신진량) : 津은 도선장(渡船場). 梁은 다리, 교량(橋梁).
- 薄微斂(박징렴) : 徵은 노역(勞役). 斂은 잡세(雜稅). 薄은 작게 덜어주다.
- 征賦(정부) : 征은 세금을 걷다. 賦는 부역.

- 弛刑罰(이형벌) : 형벌을 엄하지 않고 관대하게 가한다는 뜻.
- 赦罪戾(사죄려) : 戾는 어그러지다, 죄지다. 罪戾는 죄. 赦는 관대하게 용서하다.
- 宥小過(유소과) : 작은 과실은 용서한다.
- 恤鰥寡(휼환과) : 恤은 구제하다. 鰥은 늙은 홀아비. 寡는 과부.
- 弔禍喪(조화상) : 弔는 슬퍼하다. 禍는 재난이나 화난(禍難). 즉 재화를 당한 자를 위문하고, 상을 당한 사람을 문상하다.
- 匡其急(광기급) : 백성의 고난, 급박한 난처를 구원해 주다. 匡은 구원, 구제, 바로잡다.
- 衣凍寒(의동한) : 얼고 추위하는 사람에게 옷을 입히다.
- 貧寠(빈구) : 寠도 가난하다는 뜻.
- 振罷露(진피로) : 振은 賑(진), 구제하다. 罷는 疲, 극도로 피폐하다. 露는 羸(리), 쇠약하다. 즉 피폐하고 쇠약한 사람들을 구제하다.
- 資乏絶(자핍절) : 資는 물질로 도와주다. 乏은 결핍. 絶은 단절, 절무(絶無).

＊관자는 정치를 잘하여 민심을 얻고, 인민의 지지를 얻는 구체적인 방법을 덕(德), 의(義), 예(禮), 법(法), 권(權)으로 나누고 각 항마다 다시 세밀히 논술했다.

여기서는 덕(德)을 일으키는 여섯 가지 정책을 풀었다. 덕이란 다른 뜻이 아니다. 위정자는 국민에게 덕을 주어야 한다. 즉 국민에게 경제적으로 이득이 가도록 해야 한다. 이 점이 관자의 특색이다. 관자는 국민을 이롭게 하는 정책을 여섯 가지 들고, 이를 「德有大興」이라 했다. 덕치를 일으키는 여섯 가지 정책은 다음과 같다.

(1) 국민의 후생(厚生)이나 생산 진흥……농토개발, 택지조성, 산림식수, 원예재배, 국민의 근면 정신 앙양, 농경 생산의 장려, 주택 건축.

(2) 경제개발과 물자 교류……자원 개발, 물자 교류, 도로건설, 관문이나 사시의 편리 도모, 여행이나 운수의 개선.

(3) 수리(水利) 및 수로(水路) 개통……한천의 준설, 제방축조(築造), 관개수로, 도선장이나 교량의 가설 및 관리.

(4) 정치적 관용……조세부역의 경감, 형벌의 감면.

(5) 긴급구호 대책……양로 사업, 고아 사업, 의료보건, 재해구조 등.

(6) 빈민 구제사업……빈민에 대한 의료 보급, 절량민(絶糧民)이나 극빈자(極貧者) 구제.

정부가 이러한 정책으로 국민들의 생산을 진흥하고, 국민생활을 충족케 하고, 동시에 난민이나 극빈자를 구제해 주면 온 국민이 정부를 따르고, 따라서 잘 다스려질 것이다.

오늘에 있어서도 후생(厚生), 경제(經濟), 수리(水利), 관정(寬政), 구급(救急), 구제(救濟)는 국민의 마음을 잡는 바탕이라 하겠다.

　5.

　이렇게 하여 백성들이 덕을 알고 그 진흥책을 실천하게 되지만 아직 의에 대해서는 아는 바가 없다. 따라서 다시 행동의 지침을 밝혀 백성들을 의로 인도해야 한다.

　의를 실천하는 바탕은 일곱 가지가 있다. 그 일곱 가지 바탕은 다음과 같다.

　(1) 부모에게 효도하고, 형제나 벗에게 우애로우며, 어린 자에게 자애롭고, 남에게 은혜(恩惠)를 베풂으로써 일가친척들을 잘 보양한다.

　(2) 임금에서 충성을 바치고, 벗이나 동료에게 신의를 지키며, 남을 공경함으로써 임금이나 윗사람을 받들어 섬기며 자기의 본분을 다한다.

　(3) 만사에 중용을 지키고 공명정대하게 대하며, 남과 친화와 우의를 유지함으로써 예절을 잘 지켜 행한다.

　(4) 태도나 행동을 단정히 하고, 욕심을 절제하고 법에 순종함으로써 형벌이나 사형을 받지 않도록 한다.

　(5) 재물을 절약해 쓰고 낭비를 삼가함으로써 기근이나 흉년에 대비한다.

(6) 덕행을 돈후하게 하고, 순수하고 굳은 태도를 지킴으로써 환난에 휘말리지 않도록 대비한다.

(7) 협동·조화·화목하여 국민이 일치단결함으로써 외적의 침략에 대비한다.

이상에 든 일곱 가지의 행동 내용이 바로 의를 이룩하는 바탕이다.

무릇 국민들은 의를 알고 실천함으로써 중용을 지키고 공명정대하게 되며, 중용과 공명정대를 지킬 수 있어야 비로소 전체 국민이 화목하고, 조화되고 일체가 될 수 있으며, 전체 국민의 총화가 이루어져야 비로소 국가도 안태로울 수 있으며, 국가가 안태로우면 국위도 사방에 뻗어나갈 것이며, 국위가 사방에 뻗어나야 비로소 싸움에도 이기고 수비도 굳게 되는 것이다.

따라서 온 국민들은 의를 지키지 않으면 안 되는 것이다.

曰, 民知德矣, 而未知義. 然後明行以導之義.

義有七體, 七體者何. 曰, 孝悌慈惠, 以養親戚, 恭敬忠信, 以事君上, 中正比宜, 以行禮節, 整齊撙詘, 以辟刑僇, 纖嗇省用, 以備飢饉, 敦懞純固, 以備禍

亂, 和協輯睦, 以備寇戎. 凡此七者, 義之體也.

夫民必知義然後中正, 中正然後和調, 和調乃能處安, 處安然後動威, 動威乃可以戰勝而守固.

故曰, 義不可不行也.

- 然後明行(연후명행) : 덕(德)을 알게 한 다음에 행동강령을 밝게 가르쳐 국민을 의(義)로 교화, 훈도한다는 뜻.
- 義有七體(의유칠체) : 의를 이룩하는 일곱 가지의 바탕. 體는 본질적이고 실질적 내용. 본체(本體).
- 中正比宜(중정비의) : 중용을 지키고 공명정대하고 화친(和親)하다. 比는 親. 宜는 誼(의).
- 整齊撙詘(정제준굴) : 整齊는 단정하고 균형 있다. 撙詘은 억제하고 굽히다. 즉 행동을 단정하게 하고, 겸손과 순종을 지키다.
- 辟刑僇(피형륙) : 僇은 戮. 형벌이나 사형을 받지 않다.
- 纖嗇省用(섬색생용) : 纖은 작게 쓰다, 儉의 뜻. 嗇은 아껴쓰다, 인색하다. 省用은 낭비, 남용을 없애다.
- 敦懞純固(돈몽순고) : 懞은 厚의 뜻. 敦懞은 돈후(敦厚)하고 질박(質朴)하다. 純固는 순수하고 굳다.
- 和協輯睦(화협집목) : 조화(調和)·협동(協同)하고 한마음으로 화목한다는 뜻.
- 備寇戎(비구융) : 외적의 침입, 전란에 대비하다.
- 和調(화조) : 위정자나 국민 전체가 화친(和親)하고 일치단결하여 조화를 이루다. 국민의 총화(總和)를 이룩하다.

＊의(義)에 대한 해석이나 정의(定義)는 여러 가지로 할 수 있다. 공자(孔子)는 그의 최고 덕목인 인(仁)의 보조적 덕목으로서 이른바 정의(正義)에 가까운 뜻으로 풀었고, 맹자(孟子)는 인(仁)을 인애(仁愛)라 보는데 비해 의(義)를 정도(正道) 또는 사회 질서의 바탕으로 풀었다. 그러나 이들은 의(義)를 어디까지나 정신적 덕목으로 보고 있는 것이다. 그러나 관자는 의(義)의 뜻을 보다 광범하게, 즉 정신적인 덕목인 동시에 경제적 가치에서 파악하고, 이에 대한 실천을 강조하고 있다. 특히 관자는 의의 본질적 내용을 일곱 가지로 추렸다. 즉 (1) 효제(孝悌), (2) 충신(忠信), (3) 예절(禮節), (4) 준법(遵法), (5) 절용(節用), (6) 돈후(敦厚), (7) 화목(和睦).

그리고 이 의의 종국적인 효능은 국민을 예절 있고 중용을 지키고, 또한 공명정대하게 하며, 아울러 전체 국민의 협화, 일치단결을 이룩하여 국력의 강화, 국위의 선양을 기한다고 매듭지었다. 즉 고도의 국가는 개개인이 의를 지킴으로써 이루어진다고 믿었다.

6.

이렇게 하여 백성들은 의를 알고 행하게는 되었으나 아직 예는 알지 못하고 있다. 따라서 여덟 가지 줄기, 즉 기본 강령을 가지고 백성들을 훈도하여 예를 지키게 해야 한다.

이른바 예의 팔대 강령이란 다음과 같은 것이다. 윗사람이나 아랫사람이 다 같이 저마다의 질서와 의무를 바르게 지키고 수행해야 한다. 귀한 사람이나 천한 사람이나 다 같이 저마다의 분수나 명분을 가리고 지켜야 한다. 연장자나 연소자나 다 같이 피차의 등차가 있음을 잘 인식하고 처신해야 한다. 부유한 사람이나 가난한 사람이나 다 같이 제 나름대로의 절도를 지키고 절제해야 한다. 이상의 여덟 가지 줄기가 바로 예의 기본 강령이다.

윗사람이나 아랫사람이 저마다의 질서를 지키고, 저마다의 의무를 수행하지 못하면 나라는 흐트러질 것이며, 귀한 사람이나 천한 사람이 저마다의 분수나 명분을 가리고 지키지 못하면 서로 분쟁하게 될 것이며, 연장자나 연소자가 저마다의 등차가 있음을 알지 못하고 제멋대로 행동하면 서로가 불신하고 등을 대게 될 것이며, 부유한 사람이나 가난한 사람이 저마다의 절도나 절제를 갖지 못한다면 온 사회의 절도도 없어지게 마련이다.

이렇듯 상하가 문란해지고, 귀천이 싸우고, 장유가 등을 대고, 빈부가 절도를 잃으면 반드시 나라가 흐트러지고 만다.

그러므로 성왕은 예의 팔대 강령을 가지고 백성들을 잘 훈도했다. 팔대 강령의 올바른 뜻을 인식하고 잘 지켜 행하면, 그 결과는 다음 같이 된다.

(1) 임금 된 사람은 중용과 공명정대를 지키게 된다.

(2) 신하 된 사람은 충성과 신의를 지키고 당파나 파쟁에 휘말리지 않는다.

(3) 어버이 된 사람은 자식에게 자애와 은혜를 베풀고 교화, 훈도한다.

(4) 자식 된 자는 부모에게 효도하고 형제간의 우애를 지키고 항상 공손하고 자숙한다.

(5) 형이 된 사람은 아우에게 관대하고 너그러우며 모르는 바를 깨우쳐 준다.

(6) 아우 된 자는 형을 화친과 순종으로 따르고 또한 공경한다.

(7) 남편 된 사람은 아내에게 돈후하고 굳고 착실한 태도로 대한다.

(8) 아내 된 사람은 부지런하게 가사를 처리하고 또한 몸가짐을 정숙하게 한다.

이렇게 되면 아랫사람이 윗사람에게 반역하지도 않을

것이고, 신하가 임금을 살해하지도 않을 것이고, 천한 사람이 귀한 사람을 눌러 넘고 나서지도 않을 것이고, 연소자가 연장자를 누르고 넘나들지도 않을 것이고, 먼 곳에 있는 친족을 소외하는 일도 없을 것이고, 세 사람이라고 옛사람을 멀리하는 일도 없을 것이고, 소인배들이 덕 높은 대인들을 능가하거나 모욕하는 일도 없을 것이고, 악덕한 자들이 사회의 정의를 파괴하는 일도 없을 것이다. 이렇듯 팔대 강령은 예를 줄기 잡아주는 바탕인 것이다.

무릇 사람은 반드시 예를 알고 지켜야 비로소 남을 공경할 줄 알게 되며, 남을 공경할 줄 알아야 비로소 남을 존경하고 남에게 양보할 줄도 알게 되며, 남을 존경하고 남에게 양보할 줄 알아야 비로소 장유귀천(長幼貴賤)이 서로 누르고 넘어서는 일을 저지르지 않게 된다.

따라서 사회적으로 일체의 환난(患亂)이 일어나지 않게 된다.

그러므로 예를 성실히 지키지 않으면 안 된다고 하겠다.

曰, 民知義矣, 而未知禮. 然後飾八經以導之禮.

所謂八經者何. 曰, 上下有義, 貴賤有分, 長幼有

等, 貧富有度. 凡此八者, 禮之經也.

故, 上下無義則亂, 貴賤無分則爭, 長幼無等則倍, 貧富無度則失.

上下亂, 貴賤爭, 長幼倍, 貧富失, 而國不亂者, 未之嘗聞也.

是故聖王飾此八禮, 以導其民. 八者各得其義, 則爲人君者, 中正而無私, 爲人臣者, 忠信而不黨, 爲人父者, 慈惠以敎, 爲人子者, 孝悌以肅, 爲人兄者, 寬裕以誨, 爲人弟者, 比順以敬, 爲人夫者, 敦懞以固, 爲人妻者, 勸勉以貞.

夫然則下不倍上, 臣不弑君, 賤不踰貴, 少不凌長, 遠不間親, 新不間舊, 小不加大, 淫不破義, 凡此八者, 禮之經也.

夫人必知禮, 然後恭敬, 恭敬然後尊讓, 尊讓然後少長貴賤不相踰越, 故亂不生而患不作.

故曰, 禮不可不謹也.

• 飾(식) : 飭(칙)에 통한다. 갖추다. 닦다(修).
• 八經(팔경) : 줄기나 바탕이 되는 여덟 가지. 즉 예의 팔대 강령.
• 分(분) : 분수. 명분(名分).

- 等(등) : 등차.
- 度(도) : 분도(分度). 절도(節度).
- 倍(배) : 背(배). 배반하다. 반란하다.
- 失(실) : 절도나 절제(節制)를 잃게 되다.
- 不黨(부당) : 사사로운 당파를 조직하거나, 또는 당쟁(黨爭) 따위를 하지 않는다.
- 肅(숙) : 공손하고 자숙하다.
- 誨(회) : 가르치다.
- 固(고) : 가정을 굳게 주재하고 다스리다. 남편으로서 건실하게 처신한다는 뜻도 포함되어 있다.
- 踰(유) : 넘다.
- 凌(능) : 업신여기다. 능가하다.
- 間(한) : 등한히 하다. 소원하다.
- 加(가) : 능가하다. 멸시하다.
- 淫(음) : 과격한 행동. 지나친 부정.

　*예(禮)는 인간관계를 조화(調和) 있게 하고 사회생활을 미화(美化)한다. 국가라고 하는 통치와 비정(非情)의 정치사회에 있어서도 예를 잘 지키고 따르면, 그 나라의 정치나 통치는 예술의 경지에서 순화되고 곱고 보드라운 꽃을 피우게 될 것이다. 그러나 반대로 예를 잃고 지키지 못하면 사회의 각계각층의 온갖 인간들이 서로 당착하고, 마찰하고 불신하고 싸우고 죽이게 되어 종국에는 국가도 사회도 흐트러지고 만다. 예는

인간관계에 있어서나 사회나 정치에 있어 모든 대립과 모순을 조화 해소시키고, 한 덩어리 꽃송이로 꽃 피게 하는 순화작용의 원리이자 행동의 지침, 강령이기도 하다. 예는 절대로 일방적으로 남에게 강요하는 것은 아니다. 임금과 신하가 상대적으로 지키는 것이다. 신하가 임금에게 충성을 바치면 임금은 신하에게 예우를 하고, 그의 공적을 상 주는 것이 예다. 자식이 부모에게 효도하면 부모는 자식에게 더욱 자애와 은혜를 베푼다. 아니 부모의 사랑에 감동되어 그 사랑에 보답하는 것이 효(孝)의 본래의 정신이다. 이렇게 볼 때 예를 서로 지키면 인간들은 더욱 사랑하고, 더욱 화목하고, 더욱 아름답게 한데 묶이고 한 덩어리가 될 것이다. 따라서 예를 지키기만 하면 천하의 모든 사람들이 다 나의 동포이며, 나의 형제가 되는 것이다. 논어(論語)에서 자하(子夏)가 한 말이 있다. 「남에게 공손하고 예의를 지키면 온 천하 안에 있는 사람들이 모두 형제다.(與人恭而有禮, 四海之內, 皆兄弟也.)」

결국 예는 상하(上下), 귀천(貴賤), 장유(長幼), 빈부(貧富)를 초월해야 온갖 인간들을 한 가족, 즉 한 덩어리 지구에 사는 한 가족, 한 형제로 만드는 인류애(人類愛), 휴머니즘, 인(仁)의 구현(具現)을 위한 행동강령이자 사회질서와 정의를 줄기 잡아주는 지침이기도 하다.

오늘의 세계의 위기, 인류의 고민을 극복하는 예지와 정신을 이러한 동양의 예의 정신에서 찾자고 주장하면 지나친 이상일까? 우리는 이 기회에 신중히 생각해 봐야 하겠다. 동시에 우리는 동양의 문화 전통, 동양의 정신문명의 우위(優位)를 지나치게 망각하고 있었던 우(愚)에서 벗어나야하겠다. 서양의 앞선 과학, 기술, 물질문명도 옳고 바르게 섭취해야 한다. 그러나 동시에 우리의 전통, 정신적 문명도 더욱 개발해야 한다.

7.

이렇게 하여 백성들이 예를 알고 지키게 되었으나, 아직 각자의 직무 책임이 어떠한 것인가에 대해서는 알지 못한다. 따라서 법을 제정하여 공포해 가지고, 각자의 능력에 맞는 직무 책임을 지워주어야 한다. 직무를 부여하는 데는, 다섯 가지로 직책을 나누어 준다.

다섯 가지 책임 직무는 다음과 같은 것들이다.

(1) 임금은 유능한 신하를 간택하여 관직을 맡긴다.

(2) 대부는 관직을 맡고 국사를 처리한다.

(3) 관장(官長)은 일을 맡고 자기의 직책을 다한다.

(4) 선비는 학문, 덕행을 수양하고 기술, 능력을 배양한다.

(5) 일반 서민들은 농경 생산 및 산림이나 원예재배를

한다.

　임금이 훌륭한 신하를 선발하여 관직을 주어 일을 맡기면 국사가 잘 처리될 것이며, 대부가 관직을 맡고 국사를 잘 처리하면 모든 일이 때에 맞게 성취될 것이며, 관장이 일을 맡고 자기 직책을 다하면 나라의 모든 행사나 일들이 고르게 처리될 것이며, 선비가 학문, 기술을 수련하면 나라에 더욱 현명하고 착한 인재가 배출될 것이며, 일반 서민이 저마다 농업 생산 및 산림이나 원예재배에 힘쓰면 국가의 재정이 풍족하게 될 것이다.

　따라서 이들 다섯 가지는 국민 전부가 저마다의 능력을 발휘하고, 저마다의 직책을 완수하는 것이라 하겠다.

　무릇 백성들은 저마다의 직무 책임을 완수할 것을 잘 터득하고 실천해야 한다. 그렇게 되면 온 백성의 정신이나 마음이 하나로 뭉치고, 나아가서는 의도하는 바 목적의식도 하나로 통일될 것이다. 이렇게 백성들의 정신과 목적의식이 하나로 통일되면 국가적으로 공적이 눈에 보이게 이룩된다.

　따라서 각자의 능력에 맞는 책임 완수가 절대로 이루어져야 하는 것이다.

曰, 民知禮矣, 而未知務. 然後布法以任力. 任力有五務.

五務者何. 曰, 君擇臣而任官, 大夫任官辨事, 官長任事守職, 士修身功材, 庶人耕農樹藝.

君擇臣而任官, 則事不煩亂. 大夫任官辨事, 則擧措時.

官長任事守職, 則動作和. 士修身功材, 則賢良發. 庶人耕農樹藝, 則財用足.

故曰, 凡此五者, 力之務也.

夫民必知務, 然後心一, 心一然後意專, 心一而意專, 然後功足觀也.

故曰, 力不可不務也.

- 布法(포법) : 법을 제정하여 공포한다.
- 任力(임력) : 각자의 재력(才力)에 따라 관직(官職)을 임명해 주다.
- 五務(오무) : 務는 책무(責務), 또는 노력하고 애쓰고 다스려 야 할 일.
- 大夫(대부) : 중신(重臣), 고급 관직자. 주(周)나라 때는 경(卿) 의 아래이며, 사(士)의 위에 처했다.
- 任事(임사) : 국사를 위임하다. 일을 맡다.
- 修身功材(수신공재) : 학문, 덕행을 쌓고 능력, 기술을 늘인

다.

- 事不煩亂(사불번란) : 국사, 정치, 국무(國務)가 엉키고 흐트러지지 않는다. 즉 잘 처리된다.
- 擧措時(거조시) : 擧는 행동하다, 일을 처리하다. 措는 놓다. 일처리를 끝맺는다. 時는 때에 맞는다. 시기적으로 적절하다. 즉 만사의 처리가 시기적으로 잘 맞는다는 뜻.
- 動作和(동작화) : 각 부처 간의 일처리가 잘 조화되고 통일성 있다는 뜻.
- 賢良發(현량발) : 어질고 착한 인재를 발굴하여 등용한다.
- 心一(심일) : 마음이 하나가 된다. 정신적 통일.
- 意專(의전) : 의도나 의욕이 고르게 된다. 즉 목적의식이 하나로 통일된다는 뜻.

*국민은 각자가 국가나 사회에 대한 제 나름대로의 직책과 책임을 지고 있으며, 이를 완수해야 한다. 여기서 관자가 말하는 군(君)은 오늘의 대통령이나 행정수반이다. 대부(大夫)는 장관들이다. 관장(官長)은 행정관(行政官)이다. 사(士)는 대학생이나 군대의 사관(士官) 후보생 및 엘리트라 하겠다. 서인(庶人)은 국민 대중이다. 이들이 저마다 맡은 바 직책을 책임지고, 최선을 다해서 완수할 때, 국가는 발전하고 향상하는 것이다. 즉 「功足觀也」라 하겠다.

특히 관자는 각자의 신분, 학식, 능력에 따라 직책과 임무가 부여된다. 그러나 종국적으로는 국가라는 하나를 위해 봉사하는 것이다. 따라서 각자가 저마다의 직책과 책임을 다할 때는 자연히 국민정신의 총화와 목적의식이 하나로 통일된다고 밝혔다.

관자는 신분계급(身分階級)의 등차를 주장하고, 저마다의 분(分)을 지켜야 한다고 주장했다. 그것이 예(禮)다. 그러나 여기서 관자는 직책 완수와 맡은 바 책임에는 저마다의 특유성이 있음을 인정했다. 오늘의 말로 하면, 분업적 독립을 인정하고 있는 셈이다. 직분의 독자성과 계급의 등차를 혼동하지 않은 관자는 명석한 정치가라 하겠다.

8.

이렇게 하여 백성이 저마다의 직무와 책임을 인식하고 그것을 완수하게 되지만, 아직도 대세를 활용하거나 임시응변의 조치를 취하는 길은 모른다. 따라서 대세에 대처하는 세 가지 방도를 강구하고 비로소 움직여야 한다.

세 가지 방도는 다음과 같은 것이다.

(1) 위로는 천운을 헤아려 활용해야 한다.

(2) 아래로는 지리를 헤아려 활용해야 한다.

(3) 중간에서 사람의 화순(和順)을 도모해야 한다.

이상의 셋을 삼도(三度)라 한다. 하늘이 내리는 시운(時運)이 상서롭지 않으면 홍수나 한발 같은 천재(天災)를 입게 되고, 땅이 주는 지리를 고르게 얻지 못하면 기근 같은 지이(地異)에 몰리게 되고, 인간들의 화순이 이루어지지 못하면 화난에 휩싸이게 된다. 이렇듯 천변, 지의, 화난을 초래하게 되는 것은 바로 정치를 잘 못한 까닭이다.

하늘이 내리는 시운을 잘 살피어 파악하고 일을 일으켜야 하며, 일의 질량(質量)에 따라 백성들을 움직여야 하며, 백성들과 더불어 국가의 힘을 동원해야 하며, 국가의 힘을 감안하여 천하를 움직이게 해야 한다. 천하를 움직이고 위세를 천하에 떨치게 되면, 결국 공명을 세우게 되는 것이라 하겠다. 따라서 백성들로서도 천지인(天地人)의 조화(造化)나 기미(機微)를 살피고, 대세를 활용하고 임시응변하는 묘리를 터득해야 그들의 거동이나 초치가 적합하고 옳게 될 것이며, 그들의 처사가 옳으면 온 백성이 화목하고 단합될 것이며, 따라서 국가적으로 공명을 세우게 될 것이다.

따라서 대세를 활용하는 묘리를 반드시 터득하고 따라야 한다.

曰, 民知務矣, 而未知權. 然後考三度, 以動之.

所謂三度者何. 曰, 上度之天祥, 下度之地宜, 中度之人順. 此謂三度.

故曰, 天時不祥, 則有水旱. 地道不宜, 則有飢饉, 人道不順, 則有禍亂. 此三者之來也, 政召之.

曰, 審時以擧事, 以事動民, 以民動國, 以國動天下, 天下動, 然後功名可成也. 故民必知權然後擧措得, 擧措得則民和輯, 民和輯, 則功名立矣.

故曰, 權不可不度也.

- 權(권) : 원래의 뜻은 저울질하여 무게를 재다. 평형을 잡다, 또는 일을 꾸미다. 여기서는 정치나 일을 처리할 때에 하늘, 땅, 사람의 여건이나 조건을 참작하고, 또한 이들 세 요소가 엮어내는 기미(機微)를 탐지하여 이들 대세에 올라타거나 활용하거나 또는 임시응변(臨時應變)의 조치를 취한다는 뜻.
- 度(도) : 척도. 헤아리고 넘어서는 방도. 법도.
- 天祥(천상) : 하늘의 상복(祥福). 천운(天運).
- 地宜(지의) : 지리(地利). 땅이 주는 이득.
- 人順(인순) : 인간의 순화(順和).
- 政召之(정소지) : 정치가 이를 불러들이는 것이다. 정치를 잘못하여 천재(天災), 지이(地異) 및 화란(禍亂)을 초래한다는 뜻.

• 和輯(화집) : 화목하고 단결하다.

*관자는 전술론(戰術論)을 펴는 「위병지수(爲兵之數)」(제6
편 7法)에서 「시운이 큰 것이고, 인간의 계략은 작은 것이
라.(大者時也, 小者計也.)」한 바 있다. 과연 인간적인 모든 노
력이나 계획도 대자연의 혜택을 못 받으면 아무 열매도 맺지
못하게 마련이다. 천연의 기후조건(氣候條件)이나 자원(資源)은
인력을 넘어선 차원에서 한 나라의 부강에 결정적인 영향을 끼
칠 것이다. 그러나 관자는 위대한 정치가였다. 그는 체념하지를
않고, 주어진 조건, 자연을 어떻게 극복하고 활용하고 대처하는
가를 종국적으로 논하고 있다. 자연조건이 좋으면 좋은 대로
활용하고, 나쁘면 나쁜 대로 이를 극복하는 것이 이른바 정치
라고 믿었던 것이다. 따라서 관자는 천재(天災), 지이(地異), 화
난(禍亂)은 결국 정치를 잘못함으로써 당하는 것이라 잘라 말하
고 있다. 특히 관자가 하늘의 시운(時運)과 땅의 지리(地利)와
인간들의 친화(親和)를 동시에 삼도(三度)로 본 점이 수이하다.
이는 천지인(天地人)을 삼재(三才)로 본 전통적 사고도 있겠으
나, 보다 「민심(民心)」을 얻고 국민의 지지를 받아야 천하를 통
일하고 바로잡아 다스릴 수 있다고 한 그의 주장을 더욱 강조
하기 위해서라고도 볼 수 있다. 즉 관자의 정치관으로는 민심
을 얻는 것이나 국민의 지지를 얻는 것은 바로 천운(天運)과 지

리(地利)를 얻는 것과 같이 중대한 것이라고 비중을 높였다고
하겠다.

현실적이고 실증적인 정치가 관자의 생생한 모습이 엿보이
는 논술이자, 동시에 인력, 국민을 정치의 원동력으로 파악한
그의 뛰어난 생각이 잘 나타난 논술이라고도 하겠다.

제8편 추언樞言 외언外言 3

樞(추)는 중심부에 있으면서 밖을 움직이는 바탕이다. 추언이란 중추(中樞)가 되는 긴요한 말이란 뜻이다. 본편은 토막진 단편의 말들이 질서 없이 추려져 있다. 관자 자신이 편찬한 게 아니라 제자들이 추려 모은 것일 게다. 이 번역본에서는 비교적 명석하고 뜻이 깊은 말들을 추려 15항으로 엮었다.

- 不朽의 眞理 -

道之在天者日也, 其在人者心也. (8~1)

有名則治, 無名則亂, 治者以其名. (8~1)

愛之, 利之, 益之, 安之, 四者道之出. 帝王者用之而天下治矣. (8~2)

先民與地則得矣, 先貴與驕則失矣. (8~2)

王主積于民, 霸主積于將士, 衰主積于貴人, 亡主積于婦女珠玉. (8~5)

德盛義尊, 而不好加名於人, 人衆兵强, 而不以其國造難生患, 天下有大事, 而好以其國後. 如此者制人者也. (8~6)

貴之所以能成其貴者, 以其貴而事賤也. (8~7)

賢之所以能成其賢者, 以其賢而事不肖也. (8~7)

惡者美之充也, 卑者尊之充也, 賤者貴之充也. (8~7)

所謂德者, 先之之謂也. (8~8)

愛者憎之始也, 德者怨之本也. (8~9)

先王事以合交, 德以合人. 二者不合, 則無戰矣, 無親矣.
(8~10)

凡國之亡也, 以其長者也, 人之自失也, 以其所長者也. (8~11)

有義勝無義, 有天道勝無天道. (8~12)

人主操逆, 人臣操順. (8~13)

禍福在為. (8~14)

明賞不費, 明刑不暴. 賞罪明, 則德之至者也. (8~15)

1.

관자의 말이다.

「진리이자 원리라고 할 수 있는 도(道)는 하늘에서는
태양이라 하겠다. 사람에게 있어서는 마음(心)이라 하겠
다.」

만물은 기가 있음으로써 살고, 기가 없으면 죽기 마련
이다. 살았다고 하는 것은 바로 기가 있다는 뜻이다. 그
와같이 정치에 있어서도 명분을 세우면 잘 다스려지고,
명분을 잃으면 흐트러지게 마련이다. 잘 다스려진다는
뜻은 바로 명분이 있음을 말하는 것이다.

管子曰, 道之在天者日也. 其在人者心也. 故曰,
有氣則生, 無氣則死. 生者以其氣. 有名則治, 無名
則亂. 治者以其名.

- 道(도) : 절대 진리, 최고의 원리(原理)라고 풀 수 있다.
- 在天者日也(재천자일야) : 하늘에서는 해라 하겠다. 해. 태양은 만물의 빛과 열을 주고, 만물을 생성(生成) 자육(慈育)하며, 공평무사하게 만물에 대한다.
- 氣(기) : 만물을 생성(生成)케 하는 생명력의 바탕이자 본질이 되는 원기(元氣).
- 名(명) : 명분(名分). 여기서는 명실상부(名實相符)한 명을 가리킨다. 즉 말, 언어, 표현의 뜻으로 풀이할 수 있는 명(名)이다.

＊만물의 생존(生存) 자체를 기(氣)의 유무(有無)로 결정짓듯이 정치의 치란(治亂)을 명분(名分)의 유무로 가리고자 했다. 위 정자의 말과 행동이 다르면 법(法)이 설 수가 없다. 법이 없으면 나라가 흐트러진다. 오늘의 국제정치사회에서 가장 문제가 되는 것은 이 명분이다. 동시에 그 명분 속에는 이른바 언어 또는 표현의 문제가 큰 비중을 차지하고 있다. 같은 자유(自由)나 민주(民主)라는 말이 동과 서, 또는 남과 북에 있어 저마다의 상반되는 뜻으로 사용되는 경우가 많다. 정치의 내용과 언어의 표현이 일치한다는 것, 즉 명실상부(名實相符)하다는 것은 고대 중국에서부터의 숙제거리였나 보다.

2.

추언편의 말이다.

「백성을 사랑하고, 백성들에게 이득을 주고, 백성들을 유익하게 해주고, 백성들을 안락하게 해주어라. 이상의 네 가지는 올바른 정치도를 지킴으로써 구현되는 것이다. 제왕된 사람은 이 올바른 정치도를 지킴으로써 천하를 잘 다스릴 수 있는 것이다. 또한 제왕된 사람은 앞세울 일과 뒤로 돌릴 일을 잘 분별해야 한다. 백성과 생산을 앞세우면 잘 다스릴 수 있고, 통치계급만을 앞세우거나 교만을 마구 떨면 멸망하고 말 것이다. 따라서 옛날의 현군들은 앞세울 것과 뒤돌릴 것을 잘 분별했었다.」

樞言曰, 愛之, 利之, 益之, 安之, 四者道之出. 帝王者用之而天下治矣. 帝王者審所先所後. 先民與地則得矣. 先貴與驕則失矣. 是故先王愼所先所後.

- 樞言(추언) : 편명(篇名)이기도 하다. 중추가 되는 중요한 말이라는 뜻.
- 愛之(애지) : 之는 백성(民)이다.
- 道之出(도지출) : 정치도에서 나온 것이다. 즉 정치를 진리와 원리에 맞게 잘 다스리면 자연히 네 가지가 이루어진다는

뜻.

- 審所先所後(심소선소후) : 앞세워야 할 일과 뒤로 돌려야 할
일을 신중히 고려하고 다룬다.
- 先民與地(선민여지) : 백성과 땅을 앞세우다. 땅은 생산(生産)
의 모체다. 즉 생산을 앞세운다는 뜻으로 풀 수 있다.
- 貴與驕(귀여교) : 귀족들과 교만. 貴는 民과 대비하여 존귀한
사람, 즉 통치계급의 뜻.

  * 정치도(政治道)는 다른 것이 아니다. 국민을 사랑하고, 국
민의 이득을 보장하고, 국민에게 유익한 시정을 베풀고, 국민의
생활 안락을 기해주는 것이다. 그러나 집권층이 자기들 자신의
이익만을 앞세우고, 권세를 믿고 국민 앞에 오만무도하면 결국
망하고 마는 것이다. 위정자가 앞세우고 명심하고 진력해야 할
일은 국민을 사랑하고 생산을 높이는 일이다. 오늘의 위정자,
정치인들도 깊이 명심해야 할 말이라 하겠다.

  3.

  군주는 모름지기 고관, 백성 및 국가의 재정을 신중히
다루어야 한다. 고관을 신중히 다루는 길은 슬기로운 사
람을 등용하는 데 있고, 백성을 신중히 다루는 길은 관리
를 배치하여 목민(牧民)하는 데 있고, 국가 재정을 신중히

다스리는 길은 농업생산에 힘쓰는 데 있다. 결국 군주가 존경을 받느냐, 천대를 받느냐, 또는 무게 있는 나라가 되느냐, 가벼운 나라가 되느냐 하는 판가름도 이 세 가지에 걸려 있다. 따라서 이상의 세 가지를 신중히 다루지 않으면 안 된다.

人主不可以不愼貴, 不可以不愼民, 不可以不愼富, 愼貴在擧賢, 愼民在置官, 愼富在務地. 故人主之卑尊輕重, 在此三者, 不可不愼.

- 人主(인주) : 군주(君主).
- 貴(귀) : 여기서는 고위고관(高位高官)의 뜻으로 푸는 것이 좋다.
- 富(부) : 재물. 국가의 재정.
- 置官(치관) : 관을 두다. 관청이나 관리를 배치하여 백성을 다스리고, 교화, 선도, 즉 목민한다는 뜻이다.
- 務地(무지) : 땅은 농업생산의 바탕이다. 즉 농업생산에 힘을 쓴다.

*유능유덕(有能有德)한 인재를 등용하고, 선량한 관리들이 성심껏 목민(牧民)하여 국민들을 교화, 선도하고, 농업생산을 높여 국가 재정을 풍족하게 하면 그 나라는 부강하고, 그 나라의

군주는 존중될 것이다. 인재 등용, 국민교화, 생산 증대의 셋은
정치의 바탕이다.

4.

나라에는 보(寶), 기(器), 용(用)이라고 하는 세 가지 요
소가 있다. 성곽, 요새, 곡식은 보이며, 성인이나 지자는
기라 하겠으나 구슬은 말단적인 용품이라 하겠다. 옛날
의 임금은 국방이나 생산을 보(寶)라 치고 중점을 두었으
며, 현인이나 지자를 나라의 그릇이라 하고 존중했으나
구슬 같은 것은 말단적인 용품이라 하여 경시했으며, 따
라서 천하를 잘 다스릴 수 있었던 것이다.

　國有寶, 有器, 有用. 城郭險阻蓄藏寶也. 聖智器
也. 珠玉末用也. 先王重其寶器而輕其末用. 故能爲
天下.

- 城郭(성곽) : 郭은 밖의 성.
- 險阻(험조) : 요새(要塞)의 뜻.
- 蓄藏(축장) : 곡물(穀物)이나 재보(財寶)를 쌓아두거나 저장하
  다.
- 聖智(성지) : 성인이나 지자(智者).

*천하를 잘 다스리는 삼요소(三要素)를 보(寶), 기(器), 용(用)이라 들었다. 군비 시설과 생산은 참다운 보배다. 성인이나 지자 같은 인재는 바로 국가의 그릇이나 같다. 따라서 기라 했다. 이 두 가지가 진짜로 존중될 때 나라는 잘 다스려지게 마련이다. 이른바 다이아몬드나 구슬 같은 보석 따위는 말단적인 사치품이다. 국가의 부강에는 아무 쓸모가 없는 것들이다.

5.

왕도를 지키는 군주는 백성을 존중하고, 패도의 군주는 장병을 중히 여기고, 쇠망해 가는 군주는 통치계급인 귀족을 높이고, 망국의 군주는 부녀자나 구슬 따위를 주워모으게 마련이다. 따라서 옛 선왕들은 무엇을 중하게 여기느냐 하는 점에 신중했던 것이다.

王主積于民, 霸主積于將士, 衰主積于貴人, 亡主積于婦女珠玉, 故先王愼其所積.

- 王主(왕주) : 왕도(王道)를 지키는 군주.
- 積于民(적우민) : 백성에게 쌓다. 백성들에게 은덕을 베풀고, 백성을 존중한다는 뜻.
- 霸主(패주) : 패도(霸道)의 군주.

＊어디에 중점을 두고 무엇을 중시하느냐에 따라 그 군주의 값을 매길 수 있다. 백성에게 정성을 들이고 실적을 쌓아 올리는 자는 결국 왕도의 군주가 될 것이며, 군인 중심의 군주는 패도의 군주가 될 것이며, 통치계급의 욕심만 채우는 자는 점차로 쇠망하게 될 것이고, 부녀자나 보석, 구슬 따위나 주워 모으는 자는 망하고 말 것이다. 오늘의 위정자의 태도도 이러한 표준으로 평가할 수 있을 것이다. 참다운 민주주의, 국민을 위한 위정자라야 오래 가고 존경을 받는다. 무력통치자, 권력 충만을 비호하는 전제주의자, 사치, 낭비, 향락적인 집권층의 나라는 쇠망하게 마련이다.

6.

무릇 나라에는 세 가지 유형이 있다. 남을 제압하는 나라, 남에게 제압당하는 나라, 남을 제압하지도 않고 또한 남에게 제압을 당하지도 않는 나라. 이들이 갈라지는 이유는 다음과 같다.

(1) 제 나라의 덕치(德治)가 높게 이루어지고, 또한 사회의 질서와 정의가 존중되어 국내가 안정되었으나 함부로 남의 나라에 대하여 압력을 가하기를 좋아하지 않으며, 제 나라의 인적 자원이 넘치고 국방력도 강하지만 함

부로 남의 나라에 대하여 전난이나 환난을 불러일으키지 않으며, 천하에 큰일이 일어났을 때는 노상 남에게 양보하고 뒷바라지를 한다. 이러한 나라는 결국 남의 나라를 제압하게 될 것이다.

(2) 제 나라의 덕치도 이루어지지 못하고 사회의 질서나 정의도 존중되지 못하는데, 함부로 남의 나라에 대하여 압력이나 가하고자 하며, 인적 자원도 모자라고 국방력도 강하지 못하면서 함부로 남의 나라에 대하여 전란이나 환난을 불러일으키고자 하며, 동맹국의 힘을 믿고 명성이나 이득을 얻고자 한다. 이러한 나라는 결국 남에게 제압되고 말 것이다.

(3) 남의 나라가 진취적으로 나서면 제 나라도 나서고, 남의 나라가 뒤로 물러나면 나도 물러나고, 남이 군비를 강화하면 나도 강화하고, 남이 늦추면 나도 늦추어, 언제나 남과 더불어 보조를 맞추고 정책을 비례시킨다. 이러한 나라는 남도 제압하지 못하려니와 남에게 제압을 당하지도 않을 것이다.

凡國有三制. 有制人者, 有爲人之所制者, 有不能制人, 人亦不能制者, 何以知其然.

德盛義尊, 而不好加名於人, 人衆兵强, 而不以其國造難生患, 天下有大事, 而好以其國後. 如此者制人者也.

德不盛義不尊, 而好加名于人, 人不衆兵不强, 而好以其國造難生患, 恃與國, 幸名利. 如此者人之所制也.

人進亦進, 人退亦退, 人勞亦勞, 人佚亦佚, 進退勞佚, 與人相胥. 如此者不能制人, 人亦不能制也.

- 國有三制(국유삼제) : 制는 제압(制壓), 제치(制治)한다는 뜻. 즉 제압한다는 면에서 볼 때, 국가에는 세 가지 유형(類型)이 있다는 뜻.
- 有制人者(유제인자) : 남, 즉 남의 나라를 제압하는 자. 즉 나라.
- 爲人之所制(위인지소제) : 남에게 제압을 받는다.
- 加名於人(가명어인) : 加는 강압적으로 남에게 요구한다, 남에게 강요한다는 뜻. 名은 명예, 명성 또는 명리(名利). 즉 자기의 명리를 인정하라고 남에게 강요한다.
- 好以其國後(호이기국후) : 後는 뒤처지거나 남에게 양보하다. 즐겁게 자진하여 제 나라를 남의 나라보다 뒤처지게 하다.
- 以其國(이기국) : 제 나라의 국력을 기울여.
- 造難生患(조난생환) : 전란을 일으키고 환난을 야기시키다.
- 恃與國(시여국) : 恃는 남의 힘을 믿고, 의지하고. 與國은 자

기편의 나라, 동맹국.

- 幸名利(행명리) : 명예나 이득을 좋아하다. 幸은 요행으로 얻고자 한다는 뜻.
- 人佚亦佚(인일역일) : 남이 안일하게 하면 나도 안일하게 하다. 여기서는 勞와 대조가 된다. 勞는 국가적으로 비상대책이나 군비 강화의 뜻이고, 佚은 긴장완화나 군비축소의 뜻.
- 與人相胥(여인상서) : 남과 비례한다. 胥는 같이 보조를 맞추다.

＊여러 나라와 더불어 공존공영(共存共榮)하는 원칙을 밝힐 거라 하겠다. 동시에 남을 제패하는 길과 남에게 제패당하는 연유를 들었다. 관자가 든 세 가지 유형은 오늘의 국제사회에서도 원칙적으로는 맞아들어갈 것이다. 이른바 강대국가는 제 나라의 번영 안정과 국부병강(國富兵强)을 전 세계의 번영, 안정, 평화를 위해 바쳐야 한다. 함부로 약소국가를 제압해서는 안 된다. 그래야 존경을 받을 수 있는 세 개의 지도 국가로 군림할 수 있는 것이다. 아무리 강대국이라 해도 호전적이고 억압적인 국가는 결국에 가서는 망하고 남에게 굴복하게 될 것이다. 동시에 융통성 있고, 다원적인 정책으로 남과 보조를 같이 해야 남과 더불어 공존공영할 수 있다는 진리는 관자 시대보다 오늘에 더욱 절실하게 느껴진다.

7.

　지체가 낮은 백성이 고귀한 군주를 섬기는 것은 당연한 노릇이고, 어리석은 자가 슬기로운 사람을 섬기는 것도 당연한 노릇이다. 그러나 고귀한 사람이 참으로 고귀한 까닭은, 그가 바로 지체 낮은 사람을 자기의 고귀한 덕성으로 돌보아준다는 점에 있으며, 슬기로운 사람이 참으로 슬기롭다고 하는 까닭도, 그가 바로 어리석은 사람을 자기의 슬기로써 깨우쳐주는 데 있는 것이다. 악덕은 바로 미덕이 막혀 끝난 것이며, 멸시는 바로 존경이 막혀 끝난 것이며, 비천은 바로 존귀가 막혀 끝난 것이다. 따라서 옛날의 선왕은 이러한 도리를 잘 터득하고 높였다.

　賤固事貴, 不肖固事賢, 貴之所以能成其貴者, 以其貴而事賤也. 賢之所以能成其賢者, 以其賢而事不肖也. 惡者美之充也. 卑者尊之充也. 賤者貴之充也. 故先王貴之.

- 賤固事貴(천고사귀) : 천한 평민이 고귀한 군주를 섬기는 것은 당연하다. 賤貴는 반드시 사람만을 지칭하지 않고, 넓고 추상적인 뜻이 포괄되어 있다.

- 不肖(불초) : 어리석은 사람.
- 惡者美之充也(악자미지충야) : 惡은 악덕(惡德), 불초(不肖), 美는 선(善), 미덕(美德), 현(賢), 充은 끝나다(終), 막히다(塞)의 뜻으로 푼다. 즉 악덕은 다름이 아니라, 미덕이 막히고 끝날 때 악덕이 나타난다는 뜻이다.

＊ 선악(善惡), 시비(是非)의 상대적 원리를 정치에 응용한 말이다. 악은 선이 막히고 끝이 난 데서 발생하는 것이다. 선이 넘쳐흐르면 악이 발붙일 곳이 없게 된다. 군주나 임금을 존귀하다고 일반 백성들이 우러러 모신다. 그러나 그 존귀한 까닭은 무엇이냐? 자기의 존귀한 덕성을 가지고 지체 낮고 천한 백성들을 잘 다스리고 섬기고 교화, 훈도하기 때문에 존경을 받는 것이다. 군주가 자기만 알고, 자기만 높이고, 백성을 천시하고 버리면 자기 자신의 존귀한 보람도 없을 뿐더러 종국에 가서는 백성들로부터 지탄을 받고, 악덕한 군주라 지목된다. 결국 악은 미덕을 막고 끝내는 데서 나타나는 것이다.

8.

하늘은 시절의 변화, 조화로써 만물을 생성, 사육함으로 우리에게 유익하고, 땅은 모든 자원을 산출함으로 우리에게 유익하고, 사람은 덕행을 함으로 유익하고, 귀신은 상복을 내려주므로 우리에게 유익하고, 금수는 힘을 가지고 있음으로 유익하게 부리게 되는 것이다. 이른바 덕이라고 하는 것은 남에게 앞서서 베푸는 것이다. 따라서 남에게 은덕을 베풀 때는 앞서서 베풀어야 하며, 적에게 대응할 때는 뒤처져서 신중히 해야 한다.

　天以時使, 地以材使, 人以德使, 鬼神以祥使, 禽獸以力使. 所謂德者, 先之之謂也. 故德莫如先, 應適莫如後.

- 天以時使(천이시사) : 하늘은 때, 즉 시절(時節)을 가지고서 유용하게 쓰인다. 즉 계절 및 기후의 작용으로써 오곡을 영글게 한다는 뜻.
- 材(재) : 땅에서 생산되는 모든 자원.
- 祥(상) : 상복(祥福)을 내리다.
- 適(적) : 敵이다.

　*인간의 가치, 인간이 남에게 유용하다는 점은 다른 데 있는 것이 아니다. 인간이 바로 덕성을 지니고, 남에게 은덕을 베풀 수 있는 점에 있는 것이다. 덕이란 바로 남에게 내가 먼저 베푸는 것이다. 특히 위정자는 백성에게 먼저 덕을 베풀고 나

중에 존경을 받아야 한다. 덕은 먼저 베풀고, 싸움은 뒤로 돌리라고 주장한 관자의 말은 오늘의 세계에도 좋은 가르침이 될 것이다.

9.

일반 대중들의 심리는 끝없이 남으로부터 혜택을 받고자 한다. 따라서 사랑은 미움의 시발이고, 은덕은 원망의 바탕이 되는 것이다. 그러나 슬기로운 사람은 그렇지 않다.

衆人之用其心也, 愛者憎之時也, 德者怨之本也.
唯賢者不然.

• 用其心(용기심) : 심리 작용.

＊인간의 욕심은 끝이 없다. 그러나 인간의 능력에는 한도가 있다. 유한한 능력으로 무한한 욕심을 충족시킬 도리가 없다. 따라서 사랑과 은덕을 베풀었는데도 결국은 미움과 원성을 받게 되는 것이 범속한 인간, 끝없는 욕심을 지닌 인간의 심리적 상황이라 하겠다. 이것을 깨닫는 자가 슬기로운 자라 하겠다.

10.

옛날의 명군(名君)은 정책적 이득을 가지고 다른 나라와 친교를 맺었고, 덕성을 가지고 다른 군주와 친분을 맺었다. 이 두 가지가 일치하지 못하면 대사도 성취되지 않고, 친화도 이루어지지 않는다.

先王事以合交, 德以合人. 二者不合, 則無成矣, 無親矣.

• 事以合交(사이합교) : 같은 정책이나 정치적 이득을 가지고 다른 나라를 친교를 맺는다.

*국가 대 국가의 친교는 정책적인 이익만으로는 부족하다. 두 나라의 지도자가 덕(德)으로 묶여야 한다. 오늘의 국제사회는 정책이나 자기 나라의 이득만으로 묶이고자 한다. 고매한 이상과 차원 높은 휴머니즘으로 총화를 이루어야 참다운 전 세계, 전 인류의 평화와 행복을 기대할 수 있는 것이다.

11.

무릇 한 나라가 망하거나 한 인간이 스스로 망신하는

경우에 제 나름대로의 장점이 원인이 되는 수가 있다. 즉 헤엄을 잘하는 자가 연못에서 익사하고, 활 잘 쏘는 자가 들에서 쓰러지는 거나 같다.

凡國之亡也, 以其長者也. 人之自失也, 以其所長者也.

故善游者死于梁池, 善射者死于中野.

- 梁池(양지) : 梁은 渠의 오기. 즉 연못.
- 中野(중야) : 들의 한복판.

*관자는 앞에서 「통치자 자신만을 귀하게 여기고 오만하면 나라가 망한다(失貴與驕則失矣).」고 했다(8~2). 제 잘났다고 자만(自慢)하는 것은 자멸(自滅)을 가져오는 지름길이다. 모든 사물의 발전이나 성장은 그 자체 안에서 모순이 나오게 하는 것이다. 특히 사회나 정치의 변천에서는 두드러지게 발전 속의 모순이 나타나는 법이다. 일종의 변증법적 발전과 모순을 관자가 소박하게 표현한 것이라 하겠다.

12.
많은 수는 작은 수를 이기고, 민첩한 사람은 느림보를

이기고, 용기는 비겁을 누르고, 지혜는 우매를 이기고, 선은 악을 누르고, 정의는 부정의를 이기고, 천도를 따르는 사람은 천도를 어기는 자를 누르게 마련이다. 이상의 일곱 가지에서 이기는 사람은 스스로 존귀한 자리에 오르고, 또한 백성들도 많이 그를 따라 모이게 될 것이며, 종신토록 임금의 자리를 지키고 나라를 보존할 수 있는 것이다.

衆勝寡, 疾勝徐, 勇勝怯, 智勝愚, 善勝惡, 有義勝無義, 有天道勝無天道. 凡此七勝者, 貴衆. 用之終身者衆矣.

- 貴衆(귀중) : 자기 자신도 남에게 존경받고, 백성들도 많이 모여든다.

＊현실주의자, 실증주의자, 적극적인 법치주의자, 경제 생산을 주장하는 정치가로서의 관자의 원리를 추상적으로 추린 말이라 하겠다. 존귀한 군주가 되고 많은 백성을 거느린다는 것은 국가 정치의 성공을 뜻하며, 더욱이 수명 보전, 즉 종신한다는 것은 누구에게나 이상이라 하겠다.

13.

사람을 다스리는 임금은 귀에 거슬리는 말을 잘 받아 듣고 다스려야 하며, 임금을 섬기는 신하는 성심껏 순종해야 한다.

人主操逆, 人臣操順.

• 操(조) : 잘 다루다. 간직하다.

14.

착한 일을 한 사람은 복을 받고, 나쁜 일을 한 자는 화를 입는다. 복이나 화는 자기 행동에 따라오게 마련이다. 따라서 옛날 명군들은 행동을 신중히 했던 것이다.

爲善者有福, 爲不善者有禍. 禍福在爲. 故先王重 爲.

15.

정당한 표상은 낭비가 아니고, 정당한 형벌은 포학이 아니다. 신상필벌은 바로 최고의 덕치라 하겠다.

明賞不費, 明刑不暴. 賞罰明, 則德之至者也.

- 費(비) : 낭비.
- 暴(포) : 횡포. 포학(暴虐).

＊관자는 지나칠 정도로 신상필벌(信賞必罰)을 주장했다. 그 이유는 국민들의 적극적인 참여와 정의감의 옹호 및 가치관의 설립을 위해서라 하겠다. 일하고 바른 사람이 보람을 느끼고 보답을 받아야 사회정의가 바르게 지켜지고, 국민들의 적극적인 노력과 근로가 이루어지는 법이다. 부정부패가 벌을 면하고 도리어 잘 사는 사회는 미구에 흐트러지게 마련이다.

제9편 중령重令 외언外言 6

중령(重令)은 법령을 존중하라는 뜻이다. 관자의 때만 해도 법에 대한 관념이 거의 없었다고 해도 과언이 아니다. 따라서 법을 제정하여 정치를 하겠다고 나선 관자는 더욱 위대했던 것이다. 그러나 관자의 고충은 대단했다. 특히 절대 권력을 가지고 있던 통치자들과 그의 일가 친족 및 귀족이나 고관 또는 세도가(勢道家) 같은 특권층은 법의 밖에서 제멋대로 굴기가 일쑤였다. 이에 관자는 천하를 제패(制覇)하고 바르게 다스리려면, 즉 「正天下」하려면 만민의 총화, 백성의 자발적인 분발과 헌신(獻身)이 있어야한다. 그러기 위해서는 군주 자신부터 공평무사하게 법을 지켜야한다고 주장했다.

즉 관자는 법치와 더불어 법의 공평성을 극구 주장했던 것이다. 다시 말하면, 관자는 혈연(血緣)에 의한 지배통치체제(支配統治體制)가 법제화, 제도화(制度化)된 정치, 이른바 오늘의 말로 정치의 제도화, 근대화를 꾀하고자 했다. 관자의 주장에는 지나치게 각박하고 공식주의적인 법치 주창자 같은 인상을 주기도 한다. 그러나 당시의 시대적 배경이나 사회적 여건을 생각할 때, 그토록 하지 않고서는 그들 통치자의 귓전에 말이 미치지를 못했을 것이 아닌가 하는 생각도 든다. 제9편을 방편상 아홉 개의 단절로 나누어 풀이했다.

─ 不朽의 眞理 ─

凡君國之重器, 莫重於令. (9~1)

故安國在乎尊君, 尊君在乎行令, 行令在乎嚴罰. (9~1)

故明君察於治民之本, 本莫要於令. (9~1)

且夫令出雖自上, 而論可與不可者在下, 是威下繫於民也. (9~2)

令出而不行者毋罪, 行之者有罪, 是皆敎民不聽也. (9~3)

菽粟不足, 末生不禁, 民必有饑餓之色, 而工以雕文刻鏤相稺也, 謂之逆. (9~4)

布帛不足, 衣服毋度, 民必有凍寒之傷, 而女以美衣錦繡綦組相稺也, 謂之逆. (9~4)

萬乘藏兵之國, 卒不能野戰應敵, 社稷必有危亡之急, 而士以毋分役相稺也, 謂之逆. (9~4)

爵人不論能, 祿人不論功, 則士無爲行制死節. (9~4)

朝有經臣, 國有經俗, 民有經産. (9~5)

朝不貴經臣, 則便辟得進, 毋功虛取, 奸邪得行, 毋能上通. (9~6)

國不服經俗, 則臣下不順, 而上令難行. (9~6)

民不務經産, 則倉廩空虛, 財用不足. (9~6)

國不虛重, 兵不虛勝, 民不虛用, 令不虛行. (9~7)

國之重也, 必待兵之勝也. (9~7)

兵之勝也, 必待民之用也. (9~7)

民之用也, 必待令之行也. (9~7)

令之行也, 必待近者之勝也. (9~7)

德不加於弱小, 威不信於强大, 征伐不能服天下, 而求覇諸侯, 不可得也. (9~7)

威有兩立, 兵有與分爭, 德不能懷遠國, 令不能一諸侯, 而求王天下, 不可得也. (9~7)

地大國富, 人衆兵彊, 此覇王之本也. (9~8)

天道之數, 至則反, 盛則衰. (9~8)

人心之變, 有餘則驕, 驕則緩怠. (9~8)

動衆用兵, 必爲天下政理, 此正天下之本, 而覇王之主也. (9~8)

凡先王治國之器三, 攻而毁之者六. (9~9)

三器者何. 曰, 號令也, 斧鉞也, 祿賞也. (9~9)

六攻者何也. 曰, 親也, 貴也, 貨也, 色也, 巧佞也, 玩好也. (9~9)

三器之用何也. 曰, 非號令毋以使下, 非斧鉞毋以威衆, 非祿賞毋以勸民. (9~9)

國有不聽而可以得存者, 則號令不足以使下. (9~9)

有犯禁而可以得免者, 則斧鉞不足以威衆. (9~9)

有毋功而可以得富者, 則祿賞不足以勸民. (9~9)

民毋爲自用, 則戰不勝, 戰不勝, 則守不固, 守不固, 則敵國制之矣. (9~9)

不爲六者變更於號令, 不爲六者疑錯於斧鉞, 不爲六者益損於祿賞. (9~9)

遠近一心, 則衆寡同力, 衆寡同力, 則戰可以必勝, 而守可以必固. (9~9)

1.

한 나라의 군주로서 중하게 여기는 문물제도 중에 법령보다 더한 것은 없다. 법령을 중하게 여기면 군주의 존엄성이 더하게 되고, 군주의 존엄성이 더하면 국가는 더욱 안태롭게 된다. 그와 반대로 법령을 경시하게 되면 군주도 천시하게 되고, 따라서 국가도 위태롭게 된다. 결국 국가의 안전은 군주의 존엄성에 바탕을 두었으며, 군주의 존엄성은 법령의 시행에 바탕을 두었으며, 법령의 시행은 엄벌주의에 달려 있는 것이다.

엄벌주의로서 법령을 시행시키면 모든 관리들이 겁을 먹고 좇을 것이며, 반대로 형벌이 엄하지 못하고 법령도 시행시키지 못하면 모든 관리들이 안일 방종하여 제멋대로 날뛰게 될 것이다. 현명한 군주는 백성을 다스리는 근본 중에 가장 긴요한 것이 법령이라는 것을 잘 살펴 납득

한다. 따라서 법령의 조문을 임의로 삭제한 자를 사형에
처하고, 법령의 조문을 임의로 첨가한 자도 사형에 처하
고, 법령을 시행하지 않은 자도 사형에 처하고, 법령의
시행을 보류한 자도 사형에 처하고, 법령에 복종하지 않
은 자도 사형에 처한다. 이상의 다섯 가지 경우에 내려진
사형에 대해서는 절대로 사면이 없다. 오로지 법령을 중
시하는 까닭이다. 따라서 군주가 법령을 중하게 여기면
아랫사람들이 겁을 먹고 잘 지킨다고 하는 것이다.

凡君國之重器, 莫重於令. 令重則君尊, 君尊則國
安. 令輕則君卑, 君卑則國危. 故安國在乎尊君, 尊
君在乎行令, 行令在乎嚴罰.

罰嚴令行, 則百吏皆恐, 罰不嚴, 令不行, 則百吏
皆喜.

故明君察於治民之本. 本莫要於令. 故曰, 虧令者
死, 益令者死, 不行令者死, 留令者死, 不從令者死.
五者死而無赦. 帷令是視. 故曰, 令重而下恐.

- 君國之重器(군국지중기) : 나라를 다스리는 임금이 중하게 여
  기는 제도. 器는 문물제도, 법도.
- 百吏皆喜(백리개희) : 모든 관리들이 안일과 방종해도 벌을

안 받을 것이니 좋아하다.

- 本莫要於令(본막요어령) : 기본이 되는 것으로, 법령보다 더 긴요한 것이 없다.
- 虧令者(휴령자) : 법령의 조문을 임의로 삭제하는 자.
- 益令者(익령자) : 법령의 조문을 임의로 늘이고 부가하는 자.
- 留令者(유령자) : 법령의 집행을 지연시키거나 보류하는 자.
- 帷令是視(유령시시) : 오로지 법령만을 중요시한다.

*국가의 안태(安泰)와 군주의 존엄성(尊嚴性)은 고대의 군주국가에 있어서는 일치한다. 그리고 이들을 확보하는 길은 엄벌주의로 법령을 존중하고 법령을 지키게 하는 길이다. 법령을 어기는 자를 사형이란 극형에 처하고 절대로 사면(赦免)을 없이 하자는 관자는 지나친 법치주의자(法治主義者)라고도 하겠다.

2.

윗사람인 군주가 총명하지 못하면 비록 위에서 법령을 제정하여 내려도 밑에 있는 신하들이 법령에 대하여 옳다든가 그르다고 말하면서 제멋대로 재량하게 된다. 이렇게 신하들이 위에서 내린 법령을 자기 재량으로 어길 수 있고 보면 온갖 이기적인 행동을 자행할 수도 있으려니와 사사로운 이득을 취할 수도 있으니, 온갖 벼슬아치들만이 이득을 보고 좋아할 것이다. 또한 위에서 법령을 내렸다고는 하되, 신하들이 자기들 재량대로 좋다 나쁘다 하고 법을 조작하게 되면, 결국 국가의 권위가 그들 밑에 있는 신하들 손에 걸려 있게 될 것이며, 그렇게 되고도 위에 있는 군주의 안전을 희구해 보았자 터무니없는 일이라 하겠다.

爲上者不明, 令出雖自上, 而論可與不可者在下. 夫, 倍上令以爲威, 則行恣於己以爲私, 百吏奚不喜之有. 且夫令出雖自上, 而論可與不可者在下, 是威下繫於民也. 威下繫於民, 而求上之毋危, 不可得也.

- 倍上令(배상령) : 倍는 背. 군주의 영을 어기다.
- 以爲威(이위위) : 以는 而와 같다. 신하가 위의 영을 어기고 제멋대로 백성들에게 위세를 부리다.
- 行恣於己(행자어기) : 행동이 방자하고 이기적이 된다는 뜻.
- 爲私(위사) : 공적이 아니고 사적인 짓을 하게 되다.
- 奚不喜之有(해불희지유) : 어찌 기쁘지 않겠는가?
- 威下繫於民(위하계어민) : 국가의 권위나 군주의 위세가 밑에 있는 관리들에게 가로채여 버린다. 민(民)에게 매여 있다(繫). 관리도 민이다. 繫는 매이다, 걸려 있다.
- 求上之毋危(구상지무위) : 윗사람, 즉 군주가 위태롭지 않기

를 구한다는 뜻.

• 不可得(불가득) : 안될 노릇이다.

*법령의 권위는 국가의 권위나 군주의 존엄성과 같다. 그 누구도 이를 다치지 못하는 것이다. 그렇거늘 군주가 혼용(昏庸)할 때에는 신하들 손에 농락되는 수가 있다. 그리하여 신하는 법령을 마음대로 조작하고 시행하여 이기적이고 사리사욕을 채우기 위한 모든 짓을 합리화시키고 말 것이며 국가의 권세를 농단할 것이다. 법은 그 아무도 손대거나, 다치거나, 자기 재량으로 해석해서도 안 된다.

3.

공포된 법령을 유보하거나 지연시킨 자를 무죄로 돌린다면, 이는 결과적으로 백성들에게 군주를 존경하지 말라고 가르치는 꼴이 된다. 또한 법령을 어긴 자를 무죄로 하거나 반대로 순종하여 행한 자를 유죄로 한다면, 이것 역시 결과적으로 백성들에게 군주의 영을 듣지 말라고 가르치는 꼴이 된다. 군주가 공포한 법령에 대하여 신하들이 제 나름대로의 재량으로 옳다 그르다 하고 논란하면, 이는 결과적으로 군주의 권위를 밑에 있는 신하들이 쪼개는 꼴이 된다. 법령의 조문을 밑에서 첨가하거나 삭제하거나 한 자를 무죄에 돌린다면, 이 또한 백성들에게 나쁜 길을 가르쳐주는 꼴이다.

이렇듯 법령을 모독해도 죄를 지우지 않는다면 결과적으로 다음과 같이 될 것이다.

(1) 교활하고 간녕한 자들은 법령을 악용하여 저마다 다투어 사리사욕만을 채울 것이다.

(2) 편파적이고 편당적인 자들은 명분 없는 당파를 만들고 패거리를 일삼을 것이다.

(3) 사리와 탐욕에 젖은 자는 돈벌이나 재물 모으기만을 일삼을 것이다.

(4) 줏대 없이 나약한 자들은 세도가나 부자에게 아첨하고 추종할 것이다.

(5) 자만과 허세를 좋아하는 자는 법을 악용하여 허황된 명예나 명성을 얻고자 할 것이다.

결국 군주가 일단 법령을 공포하고 그 법령이 위에서 말하듯 다섯 가지의 간사한 방법으로 악용되는 것을 내버려둔다면, 종국에 가서는 군주의 왕위가 위태롭게 되어도 막을 길이 없고, 신하들이 난동해도 금할 수 없게 될 것이다.

令出而留者無罪, 則是教民不敬也. 令出而不行者
毋罪, 行之者有罪, 是皆教民不聽也. 令出而論可與
不可者在官, 是威下分也. 益損者毋罪, 則是教民邪
途也.

如此, 則巧佞之人, 將以此成私爲交, 比周之人,
將以此阿黨取與, 貪利之人, 將以此收貨聚財, 懦弱
之人, 將以此阿貴事當, 便辟伐矜之人, 將以此買譽
成名.

故令一出, 示民邪途五衢, 而求上之毋危, 下之毋
亂, 不可得也.

- 教民不敬(교민불경) : 백성에게 불경을 가르치다. 不敬은 군
  주를 존경하지 말라.
- 不聽(불청) : 명령을 듣지 말라.
- 威下分(위하분) : 권세, 위세, 권리를 신하에게 쪼개준다.
- 邪途(사도) : 사악한 길. 나쁜 수법.
- 巧佞(교녕) : 교활하고 간녕한 사람.
- 成私爲交(성사위교) : 저마다 서로 사리사욕(私利私慾)을 채우
  다. 交는 서로 엉키다, 다투다.
- 比周之人(비주지인) : 편파적이고 당파적인 사람.
- 阿黨取與(아당취여) : 阿는 옳지 못한 일을 좇다(曲從), 또는
  사를 위해 굽히다(私曲). 즉 명분 없는 사당을 조직하고 편

든다는 뜻.

- 貪利之人(탐리지인) : 사리(私利)만을 탐내는 사람.
- 收貨聚財(수화취재) : 돈이나 재물만을 모으고 쌓고자 한다.
- 懦弱(나약) : 연약하고 줏대가 세지 못하다.
- 阿貴事富(아귀사부) : 貴는 귀족, 고위, 고관. 富는 부자. 즉 고관이나 세도가에 아첨하고 부자 밑에서 일하다.
- 便辟伐矜(편벽벌긍) : 便辟은 겉치레를 하다, 속마음은 옳지 못하면서 외모를 점잖게 꾸미는 사람, 아첨한다는 뜻도 있으나 여기서는 맞지 않는다. 伐矜은 자랑하고 뻐기다. 즉 허세와 자만하는 사람.
- 示民邪途五衢(시민사도오구) : 衢는 네거리의 뜻. 五衢는 다섯 개로 열린 길. 즉 앞에서 말한 다섯 가지의 나쁜 길을 백성에게 가르쳐준다는 뜻.

*공포된 법령의 권위를 모독하는 자는 엄벌에 처해야 한다. 만약 이들을 묵인한다면 법령을 조작하고 악용하여 사리사욕, 당파 조직, 악덕(惡德) 모리(謀利), 아부 추종, 허영 세도가 판을 치게 되어, 종국에 가서는 군주도 위태롭고 나라도 문란하게 될 것이라고 경고하고 있다.

4.

농업생산이 부진하여 식량이 부족한데도 말단적인 상

업이나 공예 같은 생업을 억제하지 않으면, 결국 모든 백성들은 기아에 허덕이게 될 것이다. 그런데도 귀공자들이 허식적인 조각 따위나 일삼으면서 도리어 그것을 자랑으로 삼는다면, 이는 나라나 백성의 이익에 역행하는 짓이라 하겠다.

무명이고 비단이고 모든 옷감이 부족하여 백성들이 옷을 못 입고 추위에 떨며 고생하고 있는데, 귀족의 부녀자들이 화려한 옷, 수놓은 비단, 색실 엮은 장식품으로 호사스럽게 차려 입고 서로 자랑을 한다면, 이는 나라나 백성에 대한 반역이라 하겠다.

만승의 전차와 막대한 군비를 보유하고 있는 천자의 대국이 졸지 간에 전쟁이 일어나 군사들이 싸움터에서 미처 적을 막아내지 못하고 국가 사직이 위망에 직면하게 됐는데도 후방에 있는 군사나 선비들이 저마다의 직분을 등한히 하고, 오히려 안일한 자기의 처지를 자랑으로 여기고 있다면, 이는 나라나 백성에 대한 중대한 반역이라 하겠다.

작위를 내림에 있어 능력을 논함이 없고, 국록을 봉함에 있어 공적을 논함이 없이 마구 벼슬이나 봉록을 내리면, 결국 선비들이 각자의 직제를 수행하고 죽음으로써 충성을 바치지 않게 될 것이며, 도리어 모든 신하들이 외국과 내통하고 뒷거래로 세도나 명예를 얻고자 할 것이며, 또한 입으로만 일하는 체하고 속으로는 음흉한 생각을 품으면서도 겉으로 아첨하여 일신상의 부귀영화만을 누리고자 할 것이며, 또 그렇게 하는 것을 서로 자랑으로 여기게 된다면, 이 역시 큰 반역이라 하겠다.

菽粟不足, 末生不禁, 民必有饑餓之色, 而工以雕文刻鏤相稗也, 謂之逆.

布帛不足, 衣服毋度, 民必有凍寒之傷, 而女以美衣錦繡綦組相稗也, 謂之逆.

萬乘藏兵之國, 卒不能野戰應敵, 社稷必有危亡之患, 而士以毋分役相稗也, 謂之逆.

爵人不論能, 祿人不論功, 則士無爲行制死節, 而群臣必通外, 請謁取權, 道行事便辟, 以貴富爲榮華, 以相稗也, 謂之逆.

- 菽粟(숙속) : 菽은 모든 콩의 총칭이며, 粟은 조나 겉곡식을 가리킨다. 단 여기서는 양식, 곡식, 식량의 뜻으로 푼다.
- 末生(말생) : 말단적인 생산이나 생업(生業). 즉 장사나 사치성을 띤 공예품 제작을 말한다.

- 饑餓之色(기아지색) : 饑餓는 흉년이 들어 굶주리다. 色은 나라나 사회 전체에 그런 기미, 징조가 넘친다는 뜻.
- 工(공) : 공예 기술자.
- 雕文(조문) : 수식적인 문양(文樣)을 조각하다.
- 刻鏤(각루) : 깎고 새기다.
- 相穉(상지) : 穉는 자랑한다, 驕(교)와 통하여, 즉 교만하다, 자행하다의 뜻.
- 謂之逆(위지역) : 국가나 백성에 대한 반역, 또는 역행이라 하겠다.
- 衣服毋度(의복무도) : 度는 지나다, 살아 나가다, 도일(度日)의 뜻. 즉 입고 살아나갈 옷이 없다는 뜻.
- 錦繡(금수) : 수놓은 비단.
- 纂組(기조) : 색실로 엮고 땋다.
- 萬乘藏兵之國(만승장병지국) : 전차 만 대를 차출할 수 있고, 또한 병력이나 무기를 보유하고 있는 나라. 천자(天子)가 다스리는 큰 나라.
- 毋分役(무분역) : 저마다 분담한 임무, 책임을 안 지다.
- 行制死節(행제사절) : 制는 행정명령, 군주의 명령 또는 직제(職制). 즉 자기의 직제를 수행하고 죽음으로써 충절을 지키다. 無爲는 하지 않는다의 뜻.
- 請謁取權(청알취권) : 뇌물이나 바쳐 뒤로 통하고 세도와 영달을 얻고자 하다.
- 道行事便辟(도행사편벽) : 입으로만 옳게 행하겠다고 떠들며, 실지로는 속마음이 사곡(邪曲)하고, 또한 외양(外樣)을 가식

(假飾)한다는 뜻.

　＊관자는 여기서 국가와 국민에 대한 반역행위 네 가지를
들었다.

　(1) 국민이 식량부족으로 기아에 허덕이는데 위정자가 농업
생산의 진흥을 소홀히 하고, 도리어 착취적인 상업이나 사치품
생산을 장려하며 자랑하는 경우.

　(2) 의료생산이 부족하여 전체 국민들이 의복 때문에 고통을
받고 있는데 이른바 통치 계급, 특권층의 부녀자들이 사치, 화
려, 허식, 낭비의 바람을 날리며 오히려 자랑으로 여기고 있는
경우.

　(3) 전선에서 방위진이 무너져 국가사직이 위망에 직면했는
데도 후방에서 국방 책임이 면제된 자가 안일한 자기의 신세를
자랑하고 있는 경우.

　(4) 통치자가 관직이나 국록을 함부로 내림으로써 국민의
진취적인 기풍을 파괴하고, 결국 조국을 버리고 외국에 망명하
더라도 개인의 일시적인 부귀영화만 누리면 좋다고 국민들을
타락시켜 유랑민과 같은 정신으로 몰아넣는 경우.

　오늘의 우리 주위에서도 조국과 민족을 망각한 채 외면하고
자기만의 부귀영화를 위해 나라와 국민을 배반하고 나라와 국
민의 이익에 역행하는 무리들을 볼 수 있다. 국가 재정과 국민

경제를 파탄에 몰아넣는 악덕 재벌, 사치와 낭비의 망국풍을 불러일으키는 특권층의 지각없는 부녀자 및 타락풍조의 연예인들, 고식과 안일로 후방에서 협잡이나 일삼는 교활한 관공리들, 동시에 공평정대하지 못하고 정실 위주의 인사행정 및 편파적인 행정 등이 결국 수천 년 전의 관자가 지탄한 바와 같이 오늘의 병폐라 하겠다.

5.

조정에는 경신(經臣)이 있어야 하고, 나라에는 경속(經俗)이 있어야 하며, 민간에는 경산(經産)이 있어야 한다.

조정의 경신이란 다음과 같은 사람을 말한다. 자기의 재능을 살피어 알맞게 벼슬을 받고, 윗사람을 속이지 않고, 법령을 신중히 지키어 만사를 다스리고, 당파를 조성하지 않고, 자기의 능력과 노력을 있는 대로 기울여 일하되 사리사욕을 채우지 않고, 국가의 어려움이나 걱정거리가 일어났을 때 이에 정면으로 대결하여 죽음을 무릅쓰고 극복하여 자기가 세운 공적 이상으로 봉록을 받지 않고 자기의 능력 이상의 벼슬자리에 앉지를 않으며, 해놓은 일도 없이 건성으로 보수를 받지 않는다. 이러한 사람이 조정의 경신, 즉 전형적인 신하라 하겠다.

나라의 경속이란 다음과 같은 것을 말한다. 백성들이 좋아하는 바나 싫어하는 바가 군주와 어긋나지 않고 일치하며, 백성들이 높이는 바나 천하게 여기는 바가 법령에 거스르지 않고 일치하며, 백성들이 군주의 뜻을 어기는 일을 저지르지 않고, 백성들이 제멋대로 편파적인 말을 퍼뜨리지 않고, 백성들이 사치나 안일 및 향락을 즐기지 않고, 백성들이 분수에 넘는 복장을 하지 않고, 백성들이 제 고장에서 윤리도덕을 삼가 지켜서 행하고, 또한 조정에서 하는 일에 거역하지 않는다. 이러한 것을 나라의 경속, 즉 정상적인 국민 기풍이라 한다.

민간의 경산이란 다음과 같은 것을 말한다. 백성들이 가축을 사육하고, 산림이나 채소를 재배하고, 사계절의 농사와 양곡생산에 힘쓰고, 초목을 개간하여 농경에 힘쓰고, 말단적인 장사나 사치품 생산을 멈춘다. 이렇게 하는 것이 민간의 경산, 즉 국민 생산의 정상화라 하겠다.

朝有經臣, 國有經俗, 民有經産.

何謂朝之經臣. 察身能而受官, 不誣於上, 謹於法令以治, 不阿黨, 竭能盡力而不尚得, 犯難離患而不辭死, 受祿不過其功, 服位不侈其能, 不以毋實虛受

者, 朝之經臣也.

何謂國之經俗. 所好惡, 不違於上, 所貴賤, 不逆
於令, 毋上拂之事, 毋下比之說, 毋侈泰之養, 毋踰
等之服, 謹於鄕里之行, 而不逆於本朝之事者, 國之
經俗也.

何謂民之經產. 畜長樹藝, 務時殖穀, 力農墾草,
禁止末事者, 民之經產也.

- 經臣(경신) : 올바르고 변하지 않는 모범적인 신하. 經은 常,
  法, 正, 道의 뜻. 즉 상도(常道)와 정법(正法)을 지키는 신하.
- 經俗(경속) : 건전하고 단정(端正)한 기풍(氣風).
- 經產(경산) : 농업 생산 같은 기본적인 산업. 이상의 경신(經
  臣), 경속(經俗), 경산(經產)에 쓰인 經을 「노멀(normal)」로 풀
  이할 수 있다.
- 察身能(찰신능) : 자기의 능력을 살피다.
- 不毋於上(불무어상) : 윗사람, 군주를 속이지 않는다. 즉 충성
  을 다하다.
- 竭能盡力(갈능진력) : 자기의 능력을 다 발휘하고, 자기의 힘
  을 다 기울여 일하다.
- 不尙得(불상득) : 이득을 높이지 않다. 개인적 이득이나 명예
  를 얻는 것을 앞세우지 않는다.
- 犯難離患(범난이환) : 離는 罹(리). 만난다의 뜻. 즉 국환(國患)
  을 당하더라도의 뜻.

- 不辭死(불사사) : 죽음을 사양하지 않다.
- 受祿不過其功(수록불과기공) : 녹을 받음에 있어 자기의 공적 이상의 많은 녹을 받지 않는다.
- 服位(복위) : 位는 직위, 벼슬자리. 服은 就의 뜻. 즉 지위를 맞는다. 벼슬자리에 앉는다.
- 不侈其能(불치기능) : 侈는 지나치다. 자기 능력으로 감당할 수 없는 벼슬자리에는 앉지 않는다는 뜻.
- 不以毋實虛受(불이무실허수) : 毋는 無. 無實을 가지고 虛受하지 않는다. 아무 일도 하지 않고, 즉 공적 없이 거저 보수(작위나 국록)를 받는 일이 없다는 뜻.
- 所好惡(소호오) : 일반 백성들이 좋아하거나 미워하는 바.
- 上拂(상불) : 윗사람, 군주의 뜻에 어긋나다. 拂은 違의 뜻.
- 下比(하비) : 아래에 있는 사람, 신하나 백성들이 임의로 당파를 꾸미고 편파적인 말을 한다는 뜻. 比는 편파적으로 당파를 꾸민다는 뜻.
- 侈泰之養(치태지양) : 사치와 안일의 향락 생활. 養은 樂, 飾의 뜻도 포함하고 있다.
- 踰等之服(유등지복) : 신분계급에 지나친 복장.
- 鄕里之行(향리지행) : 마을에 있어서의 행동, 즉 효제충신을 지키다. 윤리도덕을 지키는 행동.
- 本朝(본조) : 자기 나라.
- 畜長樹藝(축장수예) : 가축을 사육하고, 산림이나 원예에 힘쓰다.
- 務時殖穀(무시식곡) : 務時는 사계절에 따라서 농경에 힘쓰

다. 즉 농경으로 양곡생산에 힘쓰다.

• 末事(말사) : 末生과 같다. 상업이나 사치품 생산을 말하다.

*관자는 경신(經臣), 경속(經俗), 경산(經產)을 주장했다.

(1) 경신은 전형적인 국가 공무원이자 신하다. 그는 자기의 능력에 맞는 자리에서 힘껏 일하여 알맞은 보수를 받고, 온갖 정성과 능력과 나아가서는 생명까지도 국가에 바쳐 국가만을 위해서 일을 해야 한다. 따라서 사사로운 당파 같은 것은 꾸미지 않는다.

(2) 경속은 건전한 국민기풍을 말한다. 군주와 국민의 뜻이나 이상이 일치한다. 목적의식이나 가치관이 일치해야 참다운 총화가 이룩된다. 국가의 법을 존중하고 준수하는 국민, 국가정책을 편파적으로 비방하지 않는 국민, 사치, 안일, 향락에 물들지 않는 국민, 제 고장이나 제 집에서 윤리도덕을 지키고 동시에 국가에 충성을 바치는 국민, 이러한 국민을 만드는 기풍이 경속이다.

(3) 경산은 건전한 국민의 경제생활을 말한다. 국토개발, 농업 진흥, 양곡 증산, 목축, 식림 및 채소재배 같은 농가 부업을 장려한다. 그러나 반면에 중간착취를 일삼는 상업이나 사치품 생산을 금해야 한다. 이것이 국민경제를 건전하게 하는 길이다.

6.

조정에서 모범적인 신하, 즉 경신을 중히 여기지 않으면 자연히 간악한 아첨배들이 득세를 하고 나타나 공적도 없이 작위나 국록만을 건성으로 취하고, 또한 간사한 짓거리를 하고 무능한 자들만이 높이 오르게 될 것이다.

나라가 건전한 국민 기풍, 즉 경속을 좇지 않으면 신하들이 군주를 따르지 않고, 군주의 영이 이행되지 않을 것이다.

백성들이 건실한 경제생활, 즉 경산에 힘을 쓰지 않으면 창고들이 텅 비고 국가의 재정이 결핍하게 될 것이다.

간악한 아첨배들이 나서서 공도 없이 녹을 따먹고 간사한 짓거리만을 하는 무능한 자들이 출세를 하게 되면 대신들이 화목하지 못하고 신하들이 불순하게 될 것이며, 군주의 영이 이행되지 않으면 국가의 난이 발생하여 이에 대한 민첩한 대처도 극복도 이루어지지 못할 것이며, 창고가 텅 비고 국가 재정이 결핍하면 국가의 수비도 굳게 되지 못할 것이다.

이렇듯 세 가지 중의 하나라도 잘못되는 일이 발생하면 그 나라는 적에게 제압되고 말 것이다.

故曰, 朝不貴經臣, 則便辟得進, 毋功虛取, 奸邪得行, 毋能上通. 國不服經俗, 則臣下不順, 而上令難行. 民不務經産, 則倉廩空虛, 財用不足.

便辟得進, 毋功虛取, 奸邪得行, 毋能上通, 則大臣不和, 臣下不順. 上令難行, 則應難不捷. 倉廩空虛, 財用不足, 則毋以國守. 三者見一焉, 則敵國制之矣.

- 便辟得進(편벽득진) : 속마음은 사악하면서 겉으로 아첨하고 충성을 바치는 체하는 가면을 쓴 위선자, 아첨배를 便辟이라 한다. 得進은 나서서 일하다. 벼슬자리에 올라 일하다.
- 毋功虛取(무공허취) : 공적도 없이 건성으로 벼슬이나 국록을 받다.
- 毋能上通(무능상통) : 무능력자가 승진하고 높이 오르다.
- 不服經俗(불복경속) : 服은 이행하다, 쫓다. 즉 건실한 국민 기풍을 따르지 않으면 안 된다는 뜻.
- 應難不捷(응난불첩) : 전쟁 같은 국난을 당해도 이에 민첩하게 대처하지도 못하고, 또 이겨내지도 못한다는 뜻.
- 三者見一(삼자견일) : 이상에서 들은 세 가지 중의 한 가지만 보여도, 즉 발생해도의 뜻.
- 敵國制之(적국제지) : 之는 우리나라. 적국에게 제압당하고 만다.

＊경신(經臣), 경속(經俗), 경산(經産)을 무시하면 국가는 파탄하고 만다.

(1) 모범적인 신하를 중히 여기지 않으면 간악하고 간사한 아첨배들이 세도를 부리고 높이 올라 불로소득할 것이니, 온갖 정치체제가 붕괴되고 국민들도 순종하지 않을 것이다.

(2) 국민기풍이 문란해지면 국가의 법령도 무시되고 국민의 적극적이고 헌신적인 봉사를 기대할 수 없으니, 결국 전쟁 같은 국난을 당해도 막을 도리가 없게 된다.

(3) 건전한 국민경제가 무너지면 국고가 비고, 국가 재정이 바닥이 나니 국방력도 약화되고 말 것이다.

세 가지 중, 그 어느 하나라도 잘못되면 국가는 남에게 눌리고 만다.

단 주석에서도 밝혔으나 경(經)의 원래의 뜻은 상도(常道), 즉 노멀(normal)의 뜻이다. 따라서 관자가 여기서 주장한 경신은 「노멀한 신하」, 즉 정상적인 신하의 뜻이고, 경속은 「노멀한 국민 기풍」, 즉 정상적인 국민 기풍의 뜻이고, 경산은 「노멀한 국민경제」, 즉 정상적이고 기본적인 국민경제의 뜻이라 하겠다. 다시 말해서, 관자는 특수한 것을 주장하거나 요구한 것이 아니다. 지극히 기본적이고 정상적인 신하와 기풍과 경제로써 나라를 다스려야 한다고 가르치고 있는 것이다.

7.

나라의 권위는 거저 무거워지지 않으며, 군사력은 거저 강해지지 않으며, 백성들은 헛되게 부릴 수 없으며, 법령은 아무렇게나 시행되는 것이 아니다.

무릇 나라의 권위는 반드시 그 나라의 군사력이 강화된 후에 비로소 무거워지는 것이며, 군사력의 강화는 반드시 그 나라 백성들의 힘을 입어 비로소 이루어지는 것이며, 백성들의 힘은 반드시 그들이 법령을 준수하고 실천할 때 비로소 올바르게 발휘되는 것이며, 법령의 준수와 실천은 반드시 측근자들이 솔선수범함으로써 비로소 온 백성들이 한결같이 지키게 될 것이다.

나라에서 금하는 바를 군주의 친족이나 귀족 같은 특권층에게 지키게 하지 못하고, 간사한 아첨배들에게는 벌을 내리지 않고, 법으로 금한 바를 어겼는데도 세도가나 중신들은 처형되지 않고 소원된 사람들만이 피해를 입게 하고, 비천한 사람들에게는 경하해 주지 않고 포상을 주지 않는다. 이러고서도 백성들이 법령을 잘 지켜 주었으면 하고 바란다는 것은 터무니없는 노릇이라 하겠다.

능력 있는 사람이 벼슬에 오르지 못하고, 공적도 없는

자가 녹이나 상을 받고 민심에 어긋나는 억지 호령을 내리고, 시세의 변동이나 흐름에 맞지 않는 행동을 취하고, 공이 있어도 상을 주지 않고, 죄가 있어도 처형하지 않고, 영을 내리고 실천하지 않고, 금령을 내리고 단속하지 않고, 윗자리에 있는 상사가 밑에 있는 부하를 부리지 못한다. 이런 처지에서 백성들이 적극적으로 힘을 발휘해 주었으면 하고 바라는 것은 터무니없는 노릇이라 하겠다.

장군이 위엄도 권위도 없으면 사람들의 마음이 일체가 되지 않고, 전쟁터에 있는 지휘관이 죽음으로써 지키겠다는 결의가 없으면 병사들이 적을 쉽사리 격파하지도 못하는데, 제 나라의 군사력이 탁월하기를 바란다는 것은 터무니없는 노릇이라 하겠다.

국내의 수비가 완벽치 못하면 대외적으로 적을 공격하여 굴복시키지 못하고, 전선에서 전투력을 가지고 적을 제압하지 못하고, 국외로 정벌과 침공을 나가 사방의 국가들을 위압하지도 못한다. 그러면서 제 나라의 권위가 중하기를 바라는 것은 터무니없는 노릇이라 하겠다.

은덕을 약소국가에 베풀지 않고, 위력을 뻗어 강대국가를 누를 수도 없고, 군사적 정벌로써 천하를 굴복시킬 힘도 없으면서 제후들을 제패하고자 바라는 것은 터무니 없는 노릇이라 하겠다.

위력에 있어 절대적이 못되고 남과 양립할 정도이며, 군사력에 있어서도 절대적이 못되고 남과 싸울 정도밖에 못되며, 또한 덕으로 먼 나라를 회유하여 감화시키지도 못하고, 영으로써 제후들을 한데 묶지도 못하는 주제에 천하에 군림하여 왕으로써 다스리고자 바라는 것은 터무니없는 노릇이라 하겠다.

故國不虛重, 兵不虛勝, 民不虛用, 令不虛行. 凡國之重也, 必待兵之勝也, 而國乃重. 凡兵之勝也, 必待民之用也, 而兵乃勝. 凡民之用也, 必待令之行也, 而民乃用.

凡令之行也, 必待近者之勝也, 而令乃行.

故禁不勝於親貴, 罰不行於便辟, 法禁不誅於嚴重, 而害於疏遠, 慶賞不施於卑賤, 二三而求令之必行, 不可得也.

能不通於官, 受祿賞不當於功, 號令逆於民心, 動靜詭於時變, 有功不必賞, 有罪不必誅, 令焉不必行, 禁焉不必止, 在上位無以使下, 而求民之必用, 不可

得也.

將帥不嚴威, 民心不專一, 陳士不死制, 卒士不輕
敵, 而求兵之必勝, 不可得也.

内守不能完, 外攻不能服, 野戰不能制敵, 侵伐不
能威四隣, 而求國之重, 不可得也.

德不加於弱小, 威不信於強大, 征伐不能服天下,
而求霸諸侯, 不可得也.

威有與兩立, 兵有與分爭, 德不能懷遠國, 令不能
一諸侯, 而求王天下, 不可得也.

- 國不虛重(국불허중) : 나라는 이유 없이 또는 공연히 무게를
  가질 수는 없다. 실속이 있어야 무게가 생긴다는 뜻. 重은
  강하다의 뜻.
- 兵不虛勝(병불허승) : 빈손으로 싸워 이길 수 없다는 뜻.
- 民不虛用(민불허용) : 명목 없이 또는 거저 백성을 마구 쓸 수
  없다는 뜻.
- 令不虛行(영불허행) : 법령도 명분 없이 아무렇게나 버리고
  시행시킬 수 없다는 뜻.
- 必待兵之勝(필대병지승) : 待는 기다리다, ……한 다음에. 兵
  之勝은 군사력으로 적을 이기다. 즉 군사적으로 적을 눌러
  야 비로소 나라의 강대함을 기할 수 있다는 뜻.
- 近者之勝(근자지승) : 측근자나 특권층이 법을 지키도록 한다

는 뜻.

- 禁不勝於親貴(금불승어친귀) : 금한 것이 친귀를 이기지 못한다. 즉 국법으로 금지해도 친족, 귀족, 측근자와 같은 특권층이 지키지를 않는다는 뜻.

- 法禁不誅於嚴重(법금불주어엄중) : 법으로 금한 바를 어겼는데도 세도가(勢道家)나 중신(重臣)을 벌주어 죽이지 못한다. 엄중(嚴重)은 위엄(威嚴)과 귀중(貴重). 誅는 죽이다.

- 害於疏遠(해어소원) : 소원한 사람만을 다치다.

- 二三(이삼) : 원문에 잘못 들어갔을 것이다. 없어도 뜻이 통한다. 다른 판본에는 이 두 자가 없다.

- 能不通於官(능불통어관) : 능력이 있어도 벼슬에 오르지 못하다.

- 受祿賞不當於功(수록상부당어공) : 자기 공적에 부당하게 녹이나 상을 받다.

- 動靜詭於時變(동정궤어시변) : 動靜은 행동을 취하는 것과 멈추는 것, 즉 행동의 뜻. 詭는 어긋나다, 違의 뜻. 時變은 시세의 변화, 즉 시대의 흐름.

- 在上位無以使下(재상위무이사하) : 상위에 있는 상사가 밑에 있는 신하를 부리지 못하다.

- 陳士(진사) : 대장. 지휘관.

- 不死制(불사제) : 制에 죽지 않다. 즉 군주나 국가의 지상명령을 죽음으로써 지키지 않다. 制는 적을 제압한다는 뜻으로 보아도 무방하다.

- 卒士(졸사) : 전사(戰士).

- 輕敵(경적) : 적을 가볍게 다루다. 가볍게 적을 물리치다.
- 內守(내수) : 국내에서의 수비.
- 德不加於弱小(덕불가어약소) : 약소국가에 은덕을 베풀지 않는다.
- 威有與兩立(위유어양립) : 권위나 위세가 내 나라와 더불어 양립하는 바가 있다. 즉 내 나라의 위세가 절대적이 못 된다는 뜻.
- 兵有與分爭(병유어분쟁) : 절대적인 우위의 군사력을 못 가졌다는 뜻.
- 懷遠(회원) : 먼 나라를 회유하여 감복하게 한다는 뜻.

*국위를 선양하고 군사력을 강화해서 국민의 총화와 민력을 고도로 발휘하여 천하에 호령을 할 수 있는 이면에는 반드시 그럴 만한 이유가 있는 것이다. 이유 없이 거저 이루어지는 것이 아니다. 이 점에 있어 관자는 지극히 로지컬하게 풀었다.

(1) 국가의 헌법이나 법령을 군주 자신과 측근자 및 특권층이 솔선하여 준수함으로써 국민이 한결같이 따르고, 지키고 그대로 행하게 한다.

(2) 그렇게 되면 민심이 통일되고 국민의 총화와 더불어 민력이 유감없이 발휘된다.

(3) 국민 총력이 이루어지면 그 나라의 군사력은 절대적으로 강화된다.

(4) 절대적 우위의 군사력을 보유해야 국위를 사방에 떨칠수 있다. 그러고 나서 약소국가를 은덕으로 회유, 감화시키고, 강대국가를 절대 우위의 무력으로 제압함으로써 비로소 제후들을 누르고 천하에 군림하여 다스릴 수 있는 것이다. 즉 관자는 「正天下」의 바탕을 군주 자신이나 특권층의 국헌(國憲) 국법(國法) 준수에서 풀고 있다. 관자의 법치주의의 철저함이 잘 나타나 보인다.

8.

국토가 광대하고 국가의 재정을 보유하며, 국민의 수가 많고 군사력이 강하다는 것은 천하를 제패하는 패왕이 될 수 있는 기본 요건이다.

그럼에도 불구하고 자칫 잘못하여 나라를 위망에 떨어뜨리는 수가 있다. 그것은 천도의 법칙을 모르고 인심의 추이를 바로잡지 못하기 때문이다. 천도의 운행은 이르면 되돌아오고 성하면 쇠하게 마련이며, 인심의 추이는 여유가 생기면 자만하게 되고, 자만하면 나태하게 마련이다.

무릇 자만하게 되면 제후들 앞에서 교만을 부리게 되며, 그렇게 되면 대외적으로 제후들의 지지를 잃게 된다.

일방 나태하게 되면 국내적으로 국민들의 생활을 어지럽게 흩트리고 만다. 이렇듯 대외적으로 제후들의 지지를 잃고, 국내적으로 국민 생활을 어지럽게 흩트리게 되는 것도 말하자면, 천도 운행의 법칙에 따라 일어난 운수라 하겠고, 이를 가리켜 시운이 위망에 몰아넣는 거라 하겠다.

그러나 국토가 크다 해도 남의 땅을 병탄하거나 남의 나라를 침략, 강점하지 않고 국민의 수가 많더라도 군주가 나태하지 않고 아랫사람들에게 오만하지 않고, 국가의 재정이 풍부해도 사사 안일이나 무절제하지 않고, 군사력이 강하다 해도 함부로 제후들을 욕보이지 않고, 반드시 온 천하의 올바른 정치의 도리를 바로잡기 위해서만 많은 국민들을 동원하고 강력한 군사력을 행사한다면, 이러한 군주야말로 천하의 패권을 잡을 패왕의 주인공이 될 것이며, 또한 그렇게 하는 것만이 천하를 바로다스리는 기본 태도라 하겠다.

地大國富, 人衆兵彊, 此霸王之本也. 然而與危亡爲隣矣, 天道之數, 人心之變, 天道之數, 至則反, 盛則衰. 人心之變, 有餘則驕, 驕則緩怠.

夫驕者驕諸侯. 驕諸侯者, 諸侯失於外. 緩怠者,
民亂於內. 諸侯失於外, 民亂於內, 天道也. 此危亡
之時也.

若夫地雖大, 而不幷兼不攘奪, 人雖衆不緩怠, 不
傲下, 國雖富不侈泰, 不縱欲, 兵雖彊不輕侮諸侯,
動衆用兵, 必爲天下政理, 此正天下之本, 而霸王之
主也.

- 地大國富(지대국부) : 토지가 크고 나라가 부유하다.
- 人衆兵彊(인중병강) : 인구, 즉 국민의 수가 많고 무력, 군사
  력이 강하다.
- 與危亡爲隣(여위망위인) : 위망과 이웃하고 있다. 즉 자칫 잘
  못하면 바로 위망 속에 빠지고 만다.
- 天道之數(천도지수) : 數는 법칙, 운명, 운수. 천도 운행의 법
  칙.
- 人心之變(인심지변) : 인심의 변천 추이(推移), 동정(動靜).
- 驕則緩怠(교즉완태) : 교만하게 되면 국가 정치를 다스림에
  있어 긴장을 풀고 태만하게 된다.
- 諸侯失於外(제후실어외) : 밖으로는 제후의 지지를 잃는다는
  뜻.
- 民亂於內(민란어내) : 국내에서는 민심을 잃고 백성들이 반란
  하게 된다는 뜻.
- 幷兼(병겸) : 남의 나라를 병탄(倂呑)하다.

- 攘奪(양탈) : 攘은 쫓아내다. 奪은 탈취하다. 남의 나라를 침략하고 강점하다.
- 不傲下(불오하) : 아랫사람들에게 오만을 부리지 않다.
- 動衆用兵(동중용병) : 국민 대중을 동원하고 군사행동을 일으키다. 用兵은 무력을 사용하다.
- 必爲天下政理(필위천하정리) : 반드시 천하를 바르게 다스리겠다는 원칙을 위해서만 군사행동을 일으킨다는 뜻.

  *관자는 국부병강책(國富兵强策)을 실천하여 천하의 패권을 잡아야 한다고 주장했다. 그러나 그는 여기에서는 「正天下」의 길은 무력적 통치만이 아니라 덕치(德治)로서 민심을 얻고, 국민의 지지를 받고, 대외적으로 다른 나라의 제후를 회유하고 덕화시킴으로써 진정한 「군왕(君王)」이 되어야 한다고 역설했다. 이렇게 덕치로써 천하를 바르게 다스려야 영원할 수 있고, 하늘의 뜻에 맞을 수 있고, 또 모든 사람이 민심을 사고 그들의 지지를 얻을 수 있다. 그래야 「천운(天運)이나 민심(民心)」이 그의 편을 든다. 그렇지 못하면 천운과 민심이 이탈되며, 그는 이내 멸망하고 말 것이다.

  9.

  옛날의 왕은 나라를 잘 다스리기 위하여 세 가지 정책

수단을 활용했으며, 한편 여섯 가지의 결점 요인을 쳐없애고자 했다.

현명한 왕들은 여섯 가지 파괴 요인을 잘 극복할 수 있었으므로, 세 가지 정책수단만을 잘 활용함으로써 나라를 훌륭히 보존했고 천하를 바르게 다스렸다. 그러나 나라를 어지럽게 흩트린 난왕은 여섯 가지 파괴 요인을 극복하지 못했고, 또한 세 가지의 정책수단을 활용하여 파괴 요인을 제거하지도 못함으로 인하여 결국 천하를 제 손으로 망하게 했던 것이다.

세 가지의 정책수단은 다음의 것을 말한다. 명령과 형벌과 상여다.

여섯 가지의 파괴 요인은 다음의 것을 가리킨다. 친족, 고관, 재물, 여색, 아첨과 유흥이다.

세 가지의 정책수단은 다음과 같이 활용해야 한다. 명령을 바로 내리지 않고 신하를 부려서는 안 된다. 형벌이 아니고서는 민중을 위압하지 말라. 녹이나 상을 내리지 않고서는 국민들을 분발시킬 수 없느니라.

여섯 가지 파괴 요인을 들면 다음과 같다. 군주의 친족이나 귀족들이 명령을 듣지 않았는데도 그대로 내버려두는 것, 재물의 힘이나 여색으로 금법을 어겼는데도 그대로 죄를 면하게 하는 것, 아첨배나 군주의 유흥을 도운 자들에게 아무런 공도 없는데 녹이나 상을 주는 따위이다.

　무릇 나라의 명령을 어기고도 그대로 살아남는 자가 있게 되면, 결국 군주는 명령을 가지고 신하를 부릴 수 없게 될 것이며, 금하는 바를 어겼는데도 죄를 면하는 자가 있게 되면, 결국 나라의 형벌이 백성을 위압하지 못하게 될 것이며, 공적이 없는데도 녹이나 상을 받는 자가 있게 되면, 결국 상여로써 백성을 분발시킬 도리가 없게 될 것이다.

　이렇듯 군주의 명령이 신하를 움직이지 못하고, 나라의 형벌이 민중을 위압하지 못하고, 상여가 백성들을 분발시키지 못하게 되면, 결국 백성들은 자발적으로 나라를 위해 헌신하지 않게 될 것이며, 백성들이 자발적으로 일하지 않으면 싸워도 이길 수 없을 것이며, 싸움에 이기지 못하면 나라의 수비도 굳지 못할 것이며, 나라의 수비가 굳지 못하면 적국에 제압되고 말 것이다.

　그러므로 선왕들은 이에 대하여 다음과 같이 대처했던 것이다. 정치의 파괴 요인이 되는 여섯 가지 부류의 사람들에게 절대로 명령을 지키게 했고, 또 그들에게 대해서도 가차 없이 형벌을 내렸고, 또 그들이라고 녹이나 상을 거저 더 주거나 덜 주거나 하는 일이 없이 만인에게 공평하게 했다.

이렇게 공명정대, 공평무사하게 처리하면 먼 곳의 사람이나, 가까운 곳의 사람이나 모든 사람의 마음이 하나로 되고, 모든 사람의 마음이 하나로 통일이 되면 큰 힘이 작은 힘과 함께 협동할 것이며, 협동하면 싸워 반드시 이길 것이고 나라도 반드시 굳게 지킬 것이다.

그러고 나서 다른 나라에 대하여 병탄정책이나 침략정책을 쓰지 않으면 비로소 천하를 다스리는 정치라 하겠고, 바로 그렇게 하는 것이 천하를 바로잡는 길이기도 하다.

凡先王治國之器三, 攻而毁之者六. 明王能勝六攻, 故不益於三者, 而自有國, 正天下. 亂王不能勝六攻, 故亦不損於三者, 而自有天下而亡.

三器者何也. 曰, 號令也, 斧鉞也, 祿賞也.

六攻者何也. 曰, 親也, 貴也, 貨也, 色也, 巧佞也, 玩好也.

三器之用何也. 曰, 非號令毋以使下. 非斧鉞毋以

威衆. 非祿賞毋以勸民.

六攻之敗何也. 曰, 雖不聽而可以得存者, 雖犯禁而可以得免者, 雖毋功而可以得富者. 凡國有不聽而可以得存者, 則號令不足以使下. 有犯禁而可以得免者, 則斧鉞不足以威衆. 有毋功而可以得富者, 則祿賞不足以勸民. 號令不足以使下, 斧鉞不足以威衆, 祿賞不足以勸民, 若此, 則民毋爲自用, 民毋爲自用, 則戰不勝. 戰不勝則守不固, 守不固則敵國制之矣.

然則, 先王將若之何. 曰, 不爲六者變更於號令, 不爲六者疑錯於斧鉞, 不爲六者益損於祿賞. 若此, 則遠近一心, 遠近一心, 則衆寡同力. 衆寡同力, 則戰可以必勝, 而守可以必固. 非以幷兼攘奪也, 以爲天下政治也. 此正天下之道也.

- 治國之器(치국지기) : 나라를 잘 다스리는 정책, 수단 다음에 있는 ① 호령(號令), 즉 명령, ② 부월(斧鉞), 즉 형벌, ③ 녹상(祿賞), 즉 봉록이나 포상의 세 가지를 말한다.
- 攻而毁之者(공이훼지자) : 바른 정치를 하기 위하여 처없애야 할 것들.
- 勝六攻(승육공) : 정치를 파괴하는 여섯 개의 요인을 극복하다.
- 不益於三者(불익어삼자) : 나라를 다스리기 위한 세 가지 수

단을 더 늘이지 않고 잘 해나간다는 뜻.

- 不損於三者(불손어삼자) : 세 가지를 가지고, 정치에 방해되는 바를 제거하지 못하다.
- 斧鉞(부월) : 도끼. 여기서는 형벌(刑罰)의 뜻으로 쓰였다.
- 親(친) : 친족. 근친자(近親者).
- 貴(귀) : 귀족. 고관(高官).
- 貨(화) : 돈이나 재물.
- 色(색) : 여색. 여자.
- 巧佞(교녕) : 간교와 아첨.
- 玩好(완호) : 유흥과 일락.
- 非號令毋以使下(비호령무이사하) : 호령이 아니고서는 부하를 부리지 못한다.
- 威衆(위중) : 민중, 백성을 위압하다.
- 勸民(권민) : 백성들을 분발시키다.
- 雖不聽(수불청) : 비록 명령을 듣지 않아도.
- 可以得存(가이득존) : 〈벌을 받지 않고〉 그대로 살아남는다는 뜻. 즉 근친자나 친족이면 명령을 어겨도 내버려 둔다는 뜻.
- 得富(득부) : 〈공이 없는데도 아첨하는 자나 군주의 유흥을 돕는 자들은 거저〉 녹이나 상을 받는다는 뜻.
- 民毋爲自用(민무위자용) : 自用은 자진해서 적극적으로 나라나 군주를 위해 일하다, 봉사하다. 毋爲는 無爲, 하지 않는다.
- 將(장) : 장차 하다.
- 若之何(약지하) : 어떻게 하느냐?

- 不爲六者變更於號令(불위육자변경어호령) : 六者를 위해서 호령을 병경하지 않다. 즉 한번 내린 명령은 그대로 누구에게나 지키게 한다. 육자라 하더라도 명령의 내용을 다르게 할 수 없다. 즉 그대로 꼭 지켜야 한다는 뜻.
- 疑錯(의착) : 망설이고 그르치다.
- 遠近一心(원근일심) : 근친자나 소원자나 모든 백성들의 마음이 하나로 뭉치다, 통일되다. 遠은 먼 나라, 먼 곳의 사람, 近은 내 나라, 또는 가까운 나라의 사람의 뜻으로 풀이해도 좋다.
- 衆寡(중과) : 많은 군대를 가진 나라. 제후(諸侯), 또는 작은 군대를 가진 나라, 제후.

*관자는 이 편의 끝에서 삼기(三器)와 육공(六攻)을 논했다. 삼기는 정치의 수단이고, 육공은 정치를 파괴하는 여섯 가지 요인이다.

삼기는 ① 명령, 법령, ② 형벌, ③ 국록이나 포상의 셋이다.

육공은 ① 군주의 친족, 측근자, ② 귀족이나 고관, ③ 돈이나 재물, 또는 재벌이나 부호, ④ 여색, 여자, ⑤ 간교한 아첨배, ⑥ 유흥, 또는 군주의 유흥을 돕는 자 등 여섯 가지다.

아무리 측근자요 특권층이라 해도 군주의 명령, 나라의 법이나 형벌, 또는 봉록이나 포상에 대해서는 만민과 같이 공평무사하고 공명정대하게 처리되어야 한다. 특권층이라고 국법을 어기고 범죄를 저질렀는데도 벌을 받지 않는다든가, 군주의 총애를 받는 여자나 유흥의 대상자가 국가에 대한 공적도 없이 국록이나 상금을 받아먹게 되면, 그 나라는 불신과 부정의 나라가 될 것이다. 따라서 국가의 통일, 국민의 총화가 이루어지지 못하고 종국에 가서는 적에게 패멸되고 말 것이다.

따라서 관자는 삼기(三器) 앞에서는 특권층을 인정하지 말고 국민총화를 이루라고 했다. 단, 끝으로 천하를 바로잡고 다스릴 자는 절대로 타국에 대한 침략정책을 쓰지 말라고 거듭 못을 박고 있다.

제10편 패언霸言 내언內言 6

패왕(霸王)이 될 수 있는 길을 논했으므로 패언이라 했다. 관자가 말하는 패왕이란 뜻은 깊다. 패(霸)는 무력이나 위력을 가지고 남을 정복하고 지배함으로써 내 나라만을 살찌고 부강하게 만드는 자를 가리킨다. 그러나 왕(王)의 뜻은 그렇지 않다. 위력도 있어야 하고 남을 지배도 해야 하지만, 위압적인 지배가 아니라 덕치(德治)로써 남의 나라도 교화시키고, 남의 나라도 내 나라와 같이 부강하고 안락하게 다스려 종국에 가서는 온 천하를 다 같이 잘 다스릴 수 있는 사람을 왕이라 한다. 즉 관자는(10~2)에서 「夫豊國之謂霸, 兼正它國之謂王.」이라 했다. 이렇게 볼 때 관자가 말한 패왕(霸王)은 절대 권위나 위세를 가지고 천하의 패권을 잡고 제후에 군림하되 덕을 가지고 온 천하를 다 같이 고르게 잘 다스려 부강과 안락과 번영을 누리게 해주는 성왕(聖王)의 뜻과 같음을 알 수 있다. 이런 점으로도 실천적으로 실적을 높인 정치가인 관자는 동시에 높은 이상과 깊은 사상의 이상주의자이기도 했음을 알 수 있다. 한 나라의 조그마한 정략가가 아닌 천하의 큰 정치가였다고 하겠다. 관자는 이 패왕편에서 밝혀 말했다. 「문과 무를 겸비하는 것이 덕이다.(文武具備, 德也.)」(10~16) 동시에 이러한 덕을 가지고 천하를 잡고 바로 다스리는(正天下) 바탕을 「사람,

백성, 인민, 국민」이라고 하였다. 「패왕의 첫 출발은 인민을 바탕으로 삼는 데 있다.(覇王之所始也, 以人爲本.)」라고 했다. 즉 민심을 얻고 만민의 지지를 받아야 천하도 통일할 수 있고 바르게 다스릴 수도 있는 것이다.

이 책에는 원본 패언편 중에서 논지가 중복되는 뒷부분은 생략했으며, 방편상 16단절로 나누어서 풀었음을 밝혀둔다.

– 不朽의 眞理 –

覇王之形, 象天則地, 化人易代, 創制天下, 等列諸侯, 賓屬四海, 時匡天下. (10~1)

豊國之謂覇, 兼正它國之謂王. (10~2)

夫王者有所獨明, 德共者不取也, 道同者不王也. (10~2)

夫爭天下者, 以威易危, 暴王之常也. (10~2)

夫國之存也, 鄰國有焉, 國之亡也, 鄰國有焉. (10~3)

天下有事, 則聖王利也. (10~3)

國危, 則聖人知矣. (10~3)

夫先王所以王者, 資鄰國之擧不當也. 擧而不當, 此鄰敵之所以得意也. (10~3)

夫欲用天下之權者，必先布德諸侯．(10~4)

是故先王有所取，有所與，有所詘，有所信，然後能用天下之權．
(10~4)

夫兵幸於權，權幸於地．(10~4)

夫爭天下者，必先爭人．(10~4)

明大數者得人，審小計者失人．(10~4)

得天下之眾者王，得其半者霸．(10~4)

是故，聖王卑禮以下天下之賢，而王之，均分以釣天下之眾，而
臣之．(10~5)

故貴為天子，富有天下，而伐不謂貪者，其大計存也．(10~5)

以天下之財，利天下之人．(10~5)

明一人之行，而百姓定矣．(10~5)

夫先王取天下也術，術乎大德哉，物利之謂也．(10~6)

夫明王之所輕者馬與玉，其所重者政與軍．(10~7)

重宮門之營，而輕四境之守，所以削也．(10~7)

夫權者，神聖之所資也．(10~8)

獨明者，天下之利器也．(10~8)

聖人畏微，而愚人畏明．(10~8)

聖人之憎惡內, 愚人之憎惡外. (10~8)

愚人至危易辭. (10~8)

聖人能輔後, 不能違後. (10~8)

知者善謀, 不如當時. (10~8)

精時者, 日少而功多. (10~8)

夫謀無主則困, 事無備則廢. (10~9)

聖王務具其備, 愼守其時. (10~9)

以備待時, 以時興事. (10~9)

夫明王爲天下正理也. (10~10)

知蓋天下, 彊最一世, 材振四海, 王之佐也. (10~10)

天下皆理, 己獨亂, 國非其國也, 諸侯皆合, 己獨孤, 國非其國也,
鄰國皆險, 己獨易, 國非其國也. 此三者, 亡國之徵也. (10~10)

夫國大而政小者, 國從其政, 國小而政大者, 國益大. (10~11)

貴而無禮者復賤. (10~11)

富而驕肆者復貧. (10~11)

重而凌節者復輕. (10~11)

故觀國者觀君, 觀軍者觀將, 觀備者觀野. (10~11)

其君如明而非明也, 其將如賢而非賢也, 其人如耕者而非耕也.

三守既失, 國非其國也. (10~12)

地大而不爲, 命曰土滿, 人衆而不理, 命曰人滿, 兵威而不止, 命曰武滿. 三滿而不止, 國非其國也. (10~12)

地大而不耕, 非其地也. (10~12)

卿貴而不臣, 非其卿也. (10~12)

人衆而不親, 非其人也. (10~12)

夫無土而欲富者憂, 無德而欲王者危, 施薄而求厚者孤. (10~13)

一國而兩君, 一國不可理也. (10~13)

一家而兩父, 一家不可理也. (10~13)

夫令不高不行, 不搏不聽. (10~14)

堯舜之人, 非生之理也, 桀紂之人, 非生而亂也, 故理亂在上也. (10~14)

夫霸王之所始也, 以人爲本. (10~14)

本理則國固, 本亂則國危. (10~14)

政平則人安. (10~14)

親仁則上不危. (10~14)

彊國衆, 先舉者危, 後舉者利. 彊國少, 先舉者王, 後舉者亡. (10~15)

戰國衆, 後擧可以霸, 戰國少, 先擧可以王. (10~15)

夫先王之爭天下也, 以方心. (10~16)

立政出令, 用人道, 施爵祿, 用地道, 擧大事, 用天道. (10~16)

是故先王之伐也, 伐逆不伐順, 伐險不伐易, 伐過不伐及. (10~16)

一而伐之, 武也, 服而舍之文也. (10~16)

文武具備, 德也. (10~16)

1.

천하의 패권을 잡고자 하는 왕이 취할 바 자세는 다음과 같아야 한다. 천도를 따르고, 지덕을 좇고, 국민을 교화하여 기풍을 쇄신하고, 천하의 문물제도를 혁신하고, 제후들의 등급 서열을 바로잡고, 온갖 국내의 사람들로 하여금 예를 갖추어 와서 순종케 하고, 때와 더불어 천하를 바로잡아야 한다. 〈이렇게 국내를 쇄신하고 안정시킨 다음에 대외적으로〉 영토가 큰 나라는 그것을 깎아 줄이게 하고, 포악한 나라는 눌러 바르게 고쳐주고, 무력이 강한 나라는 이를 약화시키고, 제후들에 대한 영향력이 센 나라는 눌러 그것을 감소시키게 하고, 국내적으로 흩어진 나라는 이를 합병해 버리고, 포악한 왕은 제거하고 그의 죄를 물어 처단도 할 것이며, 그의 자손은 격을 떨어뜨리고 그의 집안을 존재케 하며, 또한 그 나라 백성들

도 그대로 두되, 후에 때를 봐서 그 나라의 왕으로 군림
해야 한다.

覇王之形, 象天則地, 化人易代, 創制天下, 等列
諸侯, 賓屬四海, 時匡天下. 大國小之, 曲國正之, 彊
國弱之, 重國輕之, 亂國幷之, 暴王殘之, 僇其罪, 卑
其列, 維其民, 然後王之.

- 覇王之形(패왕지형) : 천하의 패권을 잡고 왕이 되고자 하는
  사람의 태도. 形은 자세, 스타일, 취할 바 태도의 뜻. 패왕(覇
  王)에 대하여는 편목의 해설에서 밝혔다.
- 象天(상천) : 천도를 따른다. 象은 방효(倣效)한다. 天은 천도,
  천명(天明).
- 則地(칙지) : 지덕(地德)이나 지의(地儀)를 지킨다. 則은 법을
  지킨다. 지덕이나 지의는 대지(大地) 위에 만물들이 공생공
  영(共生共榮)하는 질서정연한 모습. 땅의 법칙, 땅의 덕성.
- 化人(화인) : 사람들을 교화시킨다.
- 易代(역대) : 시대의 풍조를 바꾼다. 화인역대(化人易代)는
  「美敎化移風俗」과 같다. 즉 국민을 교육, 감화시켜 시대 풍
  조나 국민의 기풍을 크게 향상, 개변시킨다는 뜻.
- 創制天下(창제천하) : 천하의 문물제도(文物制度)를 새롭게 만
  든다. 創制는 일신(一新)하여 만든다. 일대혁신(一大革新)의
  뜻.

- 等列諸侯(등렬제후) : 제후들의 등급 서열을 바로잡아 정한다.
- 賓屬四海(빈속사해) : 사방에 있는 모든 내 나라 사람들이 예를 갖추어 와서 순복한다.
- 時匡天下(시광천하) : 匡은 바로잡다. 時는 때와 더불어, 일시에.
- 大國小之(대국소지) : 영토가 큰 나라는 이를 깎아 작은 나라로 만든다.
- 曲國正之(곡국정지) : 曲은 사악(邪惡)하다. 예를 들면, 독재적이고, 침략적이고, 호전적인 나라를 민주적이고, 평화적인 나라로 바로잡아준다.
- 彊國(강국) : 강한 나라. 彊은 强.
- 重國(중국) : 다른 제후들에 대한 권력이나 영향력이 센 나라.
- 亂國幷之(난국병지) : 국내적으로 흩어진 나라는 합병해 버린다.
- 殘之(잔지) : 없애버린다.
- 僇其罪(육기죄) : 僇은 戮. 폭왕의 죄를 물어 처단한다.
- 卑其列(비기열) : 폭왕을 처단한 후에 그의 자손의 서열을 떨어뜨려 가지고 제사를 지내게 하며, 그 폭왕이 다스렸던 나라의 백성들은 그대로 있게 한다. 즉「維其民(유기민)」.
- 然後王之(연후왕지) : 그러다가 자기가 폭왕이 다스리던 땅의 왕으로 오른다.

*패왕이 되는 자세를 가리켰다. 우선 천명지법(天命地法) 또는 천도지덕(天道地德)을 따르고 좇아야 한다. 이는 절대적이다. 다음으로 인간적이고 정치적인 노력과 덕화에 힘을 써라. 즉 민심을 얻어야 한다. 기풍을 쇄신하고 모든 정치제도나 체제를 혁신해야 한다. 제후들의 등급, 서열을 바로잡아 사회질서를 바로잡고 사방 제국의 지지를 얻어야 한다. 이렇게 자기 나라를 안정시키고 혁신한 다음에는, 다음과 같은 대외정책을 써야 한다. 강대국을 약화시킨다. 포악하고 문란한 나라는 이를 쳐 병합해 버린다. 그러나 그 나라의 백성은 다치지 말고 자기의 백성으로 귀순시켜라.

2.

자기 나라만을 부하게 하는 사람을 패자라 하고, 남의 나라도 같이 바로잡아 잘 다스리는 사람을 왕자라 한다.

이러한 왕자는 남들이 지니지 못한 밝은 덕성을 지니고 있는 것이다. 즉 그는 자기와 덕을 같이 하고 있는 나라는 탈취하지 않고, 자기와 도를 같이 하는 나라를 치고, 그 나라의 왕 노릇을 하지 않는다.

그러나 천하를 싸움으로만 뺏고자 하는 자는 자기의 무력적 위압을 가지고 남이 위난에 처했을 때를 노려서

남을 치고 멸망시켜 남을 빼앗는다. 이는 바로 폭왕들의
상투적인 방식인 것이다.

한편 백성들의 군주로서 나라를 다스리는 데는 올바
른 도가 있듯이, 패권을 잡고 천하의 왕자가 되는데도 때
가 있다. 〈이때를 놓쳐서는 안 된다.〉 내 나라가 잘 다스
려지고 있는데, 이웃 나라가 무도하여 흩어지고 있는 것
은 바로 패왕이 될 수 있는 좋은 바탕이라 하겠다.

夫豐國之謂霸, 兼正之國之謂王. 夫王者有所獨
明. 德共者不取也, 道同者不王也. 夫爭天下者, 以
咸易危, 暴王之常也. 君人者有道, 霸王者有時. 國
修而鄰國無道, 霸王之資也.

- 豐國之謂霸(풍국지위패) : 자기 나라만을 살찌게 하는 자를
  패자(霸者)라 한다.
- 兼正之國之謂王(겸정지국지위왕) : 兼正之國의 之는 它(타)의
  오기. 다른 나라도 아울러 바르게 잘 다스리는 자를 왕자(王
  者)라 한다. 霸와 王, 패자와 왕자의 차이를 관자가 말했다.
  즉 무력이나 권세를 가지고 남을 누르고, 남을 병탄하여 내
  나라만을 부강하게 하는 자는 패자이고, 내 나라와 더불어
  남의 나라도 같이 바로잡고 잘 다스리는 덕치의 왕을 왕자
  라 했다.

- 王者有所獨明(왕자유소독명) : 왕자는 자기만이 혼자 밝히고 있는 뛰어난 덕성, 즉 명덕(明德)을 지니고 있다. 왕자는 남이 갖지 못한 명덕을 가지고 있다.

- 德共者不取也(덕공자불취야) : 덕을 같이 하는 나라는 이를 공경하고 취하지 않는다.

- 道同者不王也(도동자불왕야) : 도(道)를 같이 하는 나라는 이를 쳐 빼앗아 가지고 내가 그 나라의 왕이 되지 않는다. 道는 천도, 진리, 이상, 이념.

- 爭天下者(쟁천하자) : 싸워서 천하를 잡고자 하는 자.

- 以威易危(이위역위) : 위력을 가지고 위난에 처한 남의 나라를 쳐서 뒤엎고 점령한다.

- 暴王之常(폭왕지상) : 폭왕의 상습적인 수법.

- 君人者(군인자) : 사람들을 덕으로 감화하여 임금이 되어 다스리는 사람.

- 覇王者有時(패왕자유시) : 패왕이 되기에는 때가 있다. 때, 시운, 천운을 잘 만나야 패왕이 된다. 즉 기회가 있다. 이를 놓치지 말라는 뜻.

- 國修(국수) : 내 나라가 잘 다스려지고 있다.

- 鄰國無道(인국무도) : 이웃 나라가 흩어지고 있다.

- 資(자) : 밑천, 재물, 재산.

＊이 편의 첫머리에서 말했듯이, 관자는 패자(覇者)와 왕자(王者)를 구분하였다. 그리고 특히 왕자는 남이 지니고 있지 못

한 명덕(明德)을 가지고 있다고 하여「德共者不取也, 道同者不王也.」라 했다. 참으로 투철한 세계관을 피력한 것이라 하겠다.

　천하를 왜 제패하느냐? 오늘의 세계를 왜 통일하고 하나의 땅으로 만들고자 하느냐? 이 두 개의 물음에는 수천 년의 시간적 격차가 있다. 그러나 이에 대한 이상적(理想的) 대답은 같은 것이라 하겠다. 세계는 하나가 되어야 한다. 하나의 태양은 같은 빛으로 만물을 고루 비추고, 고루 생성, 번식케 하고 있다. 이것이 천도(天道)다. 이것이 하늘의 절대 진리이자 최고선의 뜻이다. 한편 땅은 만물을 다 같이 자기 품에 안고 공존공영(共存共榮)하게 하며, 질서정연하게 하며, 생성쇄멸(生盛衰滅)을 돕고 있다. 이것이 지의(地儀), 지법(地法)이자 지덕(地德)이다. 이러한 천도(天道)와 지덕(地德)을 만인이 다 따라야 한다. 그래야 만인이 다 같이 공존공영하고 질서와 안락과 행복을 누리는 것이다. 천하를 바로잡아 다스린다(正天下)의 뜻은 바로「천도지덕(天道地德)」을 받들고, 이를 이 천하, 이 세계 위에 구현시키자는 것이다. 그러기 위해 권위와 위엄과 위력을 가지고 악덕(惡德)이나 문란(紊亂)을 눌러 제거하고 일통(一統)된 하나의 세계를 만들어 만인을 덕으로 교화하여 만인이 다 같이「천도지덕」에 눈뜨고, 인식하고, 그를 따르고 실천적으로 살게 하는 자가 바로 위대한 인류의 영도자, 진리와 이상의 구현자, 즉 관자가 말하는 패왕(覇王)인 것이다.

따라서 패왕은 절대로 침략자나 정복자는 아니다. 어디까지 나 진리와 이상의 구현자이다. 따라서 그는 절대로「천도(天道)」를 같이 하는 자를 치지 않을 것이고,「지덕(地德)」을 같이 하는 나라를 뺏지 않을 것이다. 관자가 여기서「德共者不取也, 道同 者不王也.」라 한 말은, 참으로 진리와 이상을 천하에 구현하고 자 하는 위대한 정치가의 빛나는 말이라 하겠다. 오늘의 인류 가 깊이 새기고 풀이해야 할 진리와 이상의 표현이다.

3.

무릇 한 나라의 존립이나 멸망은 이웃나라의 존재와 밀접한 관계가 있다. 이웃나라에서 나쁜 일이 발생하면 다른 이웃나라는 득을 볼 수 있고, 반대로 이웃나라에서 좋은 일이 생기면 다른 이웃나라는 손해를 볼 수 있는 것 이다.

천하가 무사할 때보다는 천하가 흩어지고, 전란 같은 일이 있을 때는 더욱 성왕들이 나타나서 이로운 일을 할 수가 있다. 또한 나라가 위난에 처하게 되는 것을 성왕들 은 미리 통찰해 알게 마련이다.

무릇 옛날의 군왕들이 왕이 될 수 있었던 것도 말하자 면, 그들의 이웃나라의 처사가 부당했던 틈을 잘 탄 까닭이라 하겠다. 한 나라의 처사가 부당한 것은 바로 이웃인 적국으로 하여금 뜻을 이루게 하는 원인이 되는 것이다.

夫國之存也, 鄰國有焉. 國之亡也, 鄰國有焉. 鄰國有事, 鄰國得焉. 鄰國有事, 鄰國亡焉. 天下有事, 則聖王利也. 國危, 則聖人知矣. 夫先王所以王者, 資鄰國之擧不當也. 擧而不當, 此鄰敵之所以得意也.

- 鄰國有焉(인국유언) : 이웃나라가 있는 것이다. 즉 한 나라의 존망(存亡)은 이웃나라의 존재와 크게 관계가 있다는 뜻.
- 鄰國有事(인국유사) : 이웃나라에 일이 있다. 이때의 事는 좋건 나쁘건 간에 무슨 일이 있으면의 뜻. 즉 이웃나라의 일이 잘 되면 다른 이웃 나라는 손해를 보고, 이웃나라의 일이 못 되면 다른 이웃나라는 득을 본다는 뜻.
- 聖王利也(성왕이야) : 천하가 평온하면, 제 나라마다 안락을 누리고 모든 백성들이 제 나라 군주를 따르기 때문에 새삼스럽게 뛰어난 성왕(聖王)도 필요 없게 된다. 그러나 천하가 흩어지고 천하에 전란 같은 일이 벌어지면 비로소 성왕의 존재가 두드러지게 나타난다. 따라서 성왕에게는 이롭다는 뜻.
- 聖人知(성인지) : 나라가 위태롭게 되는 것을 총명한 사람은 미리 안다.
- 資(자) : 밑천 삼다. 그것을 가지고, 또는 기회를 활용하다.

*관자는 여기서 상반되는 국가 간의 이득을 논했다. 즉 이웃나라가 흩어지면 그것은 내 나라가 얻을 수 있는 계기이며, 이웃나라가 잘 다스려지고 강하게 되면, 바로 내 나라가 그에게 멸망할 수도 있는 위협이 될 수도 있다. 따라서 천하의 패권을 잡은 성왕들은 항상 이러한 이웃나라 간의 상반되는 국제정세를 명석하게 통찰하고, 그 기회를 잘 포착하여 놓치지 말고, 멸할 것은 멸하고 병합할 것은 병합하여 천하통일을 이룩해야 한다고 가르치고 있다. 특히 이웃나라의 실정, 전란, 무도를 즉각 포착하여 이를 내 나라 세력 확장 ─ 단 패자가 아닌 왕자의 태도를 ─ 해야 한다고 알리고 있다.

4.

　천하의 패권을 잡고 이를 행사하고자 원하는 사람은 반드시 우선 은덕을 제후들에게 베풀어 주어야 한다.

　따라서 옛날의 명왕(名王)들은 자기가 취하기 전에 남에게 주었고 뻗기에 앞서 움츠리는 바가 있었다. 따라서 그들은 천하의 패권을 잘 잡고, 잘 행사했던 것이다.

　무릇 군사력은 국가세력에 의해 좌우되고, 국가세력은 토지, 생산에 의해 좌우된다. 따라서 제후들이 토지, 생산 면에서 유리한 위치에 서게 되면 자연히 국가세력

도 그에 따라 커지고 반민에 토지, 생산면에서 불리하게
되면 자연히 국가세력도 없게 되는 것이다.

　무릇 천하의 패권을 쟁취하고자 하면, 반드시 다른 나
라의 군주와 누가 먼저 민심을 얻느냐 하는 점에서 다투
게 되는 것이다. 천운이나 대세를 명석하게 내다보는 사
람은 인심을 얻을 것이되, 조그마한 인위적인 계교나 논
하는 자는 인심을 얻지 못할 것이다. 온 천하의 모든 사
람들의 마음과 지지를 얻는 사람은 왕자(王者)가 될 것이
며, 그의 반 정도를 얻는 자는 패자(霸者)가 될 것이다.

　夫欲用天下之權者, 必先布德諸侯. 是故先王有所
取, 有所與, 有所詘, 有所信, 然後能用天下之權.
　夫兵幸於權, 權宰於地. 故諸侯之得地利者, 權從
之, 失地利者, 權去之.
　夫爭天下者, 必先爭人. 明大數者得人, 審小計者
失人.
　得天下之衆者王, 得其半者霸.

• 布德(포덕) : 덕을 베풀다.
• 詘(굴) : 詘은 屈. 움추린다. 양보한다, 물러난다.
• 信(신) : 뻗는다. 적극적으로 나아간다.

- 兵幸於權(병행어권) : 군사력은 국가권력에 의해서 지배된다, 또는 좌우된다.
- 權幸於地(권행어지) : 국가권력은 토지 생산에 좌우된다.
- 明大數(명대수) : 大數는 천도(天道), 시운(時運) 또는 대세(大勢). 明은 밝게 알다.
- 得人(득인) : 인심(人心)을 얻고 사람의 지지를 받는다.
- 審小計(심소계) : 小計는 인간적이고 인위적(人爲的) 계략. 審은 세밀히 쓴다. 즉 대수롭지 않은 작은 계략만을 열심히 쓴다.

　*왕자(王者)와 패자(覇者)를 논한 관자는 여기서 명백하게 온 천하 사람들의 인심과 지지를 전폭적으로 얻는 자가 왕자가 되고, 그 절반을 얻는 자는 패자가 될 것이라고 말했다. 그리고 인심을 얻는 길에 대하여, 관자는 네가 취하기에 앞서 남에게 주라. 내가 나서기에 앞서 남에게 굽히라고 했다. 전에도 여러 번 말한 바 있는 「기브·앤드·테이크(give and take)」의 상대적 원리를 다시 한번 강조하고 있다. 동시에 관자는 군사적 우위는 국가세력의 강화, 국가세력의 강화는 농업 토지 생산의 증대에 있음을 역설했으며, 끝으로 인위적인 계략보다 천운, 대세, 즉 앞에서 말한 「천도지덕(天道地德)」을 따르는 것이 인심(人心)과 민력(民力)을 얻는 대도(大道)임을 다시 한번 강조했다.

5.

그런 까닭에 성왕은 예를 겸허하게 낮추어 온 세상에 숨어 있는 슬기로운 인재를 찾아 머리를 숙이고 그들을 등용해 씀으로써 도리어 그들 위에서 훌륭한 왕 노릇을 했으며, 또한 모든 은덕을 공평하고 고르게 나누어줌으로써 온 세상의 백성들의 민심과 지지를 받게 되며, 따라서 도리어 그들을 충성스런 신하로 부렸던 것이다. 가장 고귀한 천자의 자리에 오르고, 또한 천하를 소유하는 부를 누리는 처지에 있으면서도 세상 사람들로부터 탐욕하다는 말을 듣지 않게 되는 것도, 말하자면 「천도지덕(天道地德)」을 따르는 대범한 계책을 쓰고 있기 때문이라 하겠다. 즉 성왕은 천하의 재물을 가지고, 천하의 모든 사람들을 이롭게 해주고, 눈부시고 떨칠듯한 절대적인 위세를 가지고 천하의 대권을 하나로 통일해 쥐고 제 자신이 덕행을 실천함으로써 제후들을 친화롭게 단결시키고, 간녕한 자들을 벌줌으로써 모든 사람들에게 경각심을 일으키게 하고, 천하를 통치할 만한 위세를 가지고 밝은 성왕의 공덕을 천하에 넓혀 번지게 하며, 한편 번역하고 흩어진 나라를 치고 공로를 세운 사람에게는 상을 주고 슬기롭고 어진 덕성을 지닌 사람에게 봉록을 준다. 이렇듯 천자 한 사람이 명석하게 잘 다스리면 모든 백성들이 안정되는 것이다.

是故聖王卑禮以下天下之賢, 而王之, 均分以釣天下之衆, 而臣之. 故貴爲天子, 富有天下, 而伐不謂貪者, 其大計存也. 以天下之財, 利天下之人, 以明威之振, 合天下之權, 以遂德之行, 結諸侯之親, 以姦佞之罪, 刑天下之心, 因天下之威, 以廣明王之伐, 攻逆亂之國, 賞有功之勞, 封賢聖之德, 明一人之行, 而百姓定矣.

- 卑禮(비례) : 임금으로서 지킬 예를 굽히고 겸손한 태도를 취한다는 뜻. 卑는 겸하(謙下)한다.
- 下天下之賢(하천하지현) : 온 천하의 슬기로운 사람. 인재들에게 겸손하게 머리를 숙인다.
- 王之(왕지) : 도리어 그들의 왕으로서 잘 다스린다는 뜻.
- 均分(균분) : 관직, 작위, 봉록, 포상 및 기타의 은덕을 공평하고 고르게 백성에게 나누어준다.
- 釣天下之衆(조천하지중) : 온 천하의 모든 백성들의 민심을 얻는다. 釣는 낚는다, 취(取)한다.
- 貴爲天子(귀위천자) : 가장 귀중하게 천자가 되고. 貴는 「귀에 있어서는」의 뜻.

- 富有天下(부유천하) : 부에 있어서는 천하를 소유하게 되었다는 뜻.
- 伐不謂貪(벌불위탐) : 伐은 代의 오자. 代는 世와 같다. 세상 사람들로부터 탐욕하다는 소리를 안 듣는다.
- 以明威之振(이명위지진) : 明은 밝은 덕, 명현(明顯). 威는 위력, 위세. 振은 진동, 떨친다. 즉 떨칠만한 명덕과 위세를 가지고.
- 合天下之權(합천하지권) : 흩어져 있던 권세, 즉 천하의 여러 제후나 군주들이 잡고 있던 권세를 하나로 통합한다.
- 以遂德之行(이수덕지행) : 성왕 자신이 덕행을 실천함으로써.
- 結諸侯之親(결제후지친) : 제후들로 하여금 친교를 맺게 했다.
- 以姦佞之罪(이간녕지죄) : 간악하고 아첨하는 자들을 죄줌으로써.
- 刑天下之心(형천하지심) : 천하의 모든 사람들에게 죄를 지으면 받는다고 하는 경각심을 일으켜 주었다는 뜻.
- 因天下之威(인천하지위) : 천하통일의 위세를 가지고.
- 廣明王之伐(광명왕지벌) : 廣은 넓힌다. 明王은 덕이 밝게 빛나는 성왕. 伐은 공(功).
- 封賢聖之德(봉현성지덕) : 슬기롭고 어진 덕행 있는 사람들을 제후로 봉한다.
- 明一人之行(명일인지행) : 천자 한 사람이 밝게 행동하다, 즉 잘 다스리다의 뜻.

* 천하를 바르게 다스리기 위해서는 사람의 마음과 지지를

얻어야 한다. 그러기 위해서는 받기에 앞서주라고 했다. 즉 인재를 얻기 위해서는 임금이 먼저 머리를 숙여라. 모든 사람을 얻기 위해서는 모든 사람에게 먼저 공평하게 은덕을 베풀어 주어라. 그러면 가장 고귀한 천자의 자리에 앉아있거나, 또는 온갖 천하의 부를 소유하는 몸일지라도 아무도 그를 보고 탐욕하지 않고, 욕심이 많아서 혼자 먹었다고 욕하지 않을 것이다. 성왕은 천하의 이를 만인에게 고루 돌아가게 다스리는 사람이기 때문이다. 천하의 만민을 위해 밝게 덕을 밝히고 만민을 잘 살게 해주고 자비를 베푸는 것이, 바로 정치의 대계(大計)다. 한 사람이 밝게 다스리면 백성들이 다 안정된다.

6.

무릇 옛날의 명왕이 천하를 잡은 것은 술책이 있어서였다. 그들의 술책은 바로 대덕(大德)이라 하겠고, 대덕이란 바로 만물을 고르게 이롭게 해주는 것이다.

언제나 나라에 걱정거리가 없게 하고, 또한 명분이나 이득을 다 같이 얻게 해주는 경지를 신성(神聖)이라 하겠다. 나라가 위망에 처했으나, 이를 구제하여 능히 존속케 하는 경지를 명성(明聖)이라 하겠다.

선왕들은 성신의 경지를 스승으로 받들고 배우고자

했으며, 명성의 경지는 그저 칭사나 높였을 따름이다.

무릇 한 마디의 말을 가지고 나라를 존속시키고, 그 한 마디를 듣지 않으면 나라가 망하는 그런 경지의 말을 대성(大聖)의 말이라 한다.

夫先王取天下也術. 術乎大德哉, 物利之謂也. 夫使國常無患, 而名利並至者, 神聖也. 國在危亡, 而能壽者, 明聖也. 是故先王之所師者, 神聖也, 其所賞者, 明聖也.

夫一言而壽國, 不聽而國亡, 若此者, 大聖之言也.

- 術乎大德哉(술호대덕재) : 천하를 잡는 술은 바로 큰 덕이니라.
- 物利(물리) : 만물이 이롭다는 뜻. 즉 만물이 질서정연하게 공존공영(共存共榮)하는 것이 바로 천도지덕(天道地德)이자, 이것이 대덕(大德)이기도 하다.
- 名利並至(명리병지) : 명분과 이익을 같이 얻는다.
- 能壽(능수) : 나라의 수명을 유지할 수 있다는 뜻, 즉 국가의 존속을 가능케 하다.
- 所賞者(소상자) : 賞은 尙, 높인다. 一言而壽國(일언이수국)……한 마디로서 나라를 존속시킬 수 있다는 말.
- 不聽而亡國(불청이망국) : 한 마디 말을 듣지 않으면 나라가

망한다.

　*관자는 천하를 참되게 잡는 술책은 만물을 공존 공영케
해주는 대덕(大德)임을 밝혔다. 이는 앞에서 말한 천도지덕을
따르고 실천하는 대계(大計)이기도 하다. 그리고 국가를 다스리
는 경지에 따라 신성(神聖), 명성(明聖) 및 대성(大聖)이 있다고
했다.

7.
　무릇 옛날의 총명한 왕들은 말이나 구슬 같은 물질적
형식을 가볍게 여기고 정사나 군비 같은 본질적인 것을
중하게 여겼다. 그러나 나라를 망친 군주들은 그와는 반
대로 유능한 사람에게 정사를 맡길 줄도 몰랐고, 도리어
정치할 사람에게 말을 타라고 하여 국방을 담당케 했고,
또한 참다운 무장에게는 군사권을 안 맡기고 도리어 그
에게는 구슬 같은 재물이나 줌으로써 인재 등용 및 정치
의 혼란을 일삼았고, 더욱이 대궐만을 가꾸고 나라의 둘
레에 대한 수비를 소홀히 함으로써 결국 남에게 패망하
고 국토를 빼앗기고 말았던 것이다.

夫明王之所輕者馬與玉, 其所重者政與軍. 若失主不然, 經與人政, 而重予人馬, 輕予人軍, 而重與人玉, 重宮門之營, 而輕四境之守, 所以削也.

- 所輕者(소경자) : 가볍게 여기는 것.
- 失主(실주) : 나라를 망친 군주.
- 經與人政(경여인정) : 현명한 인재에게 정사 맡기는 것을 소홀히 한다. 정치를 잘하기 위해 인재 등용을 해야 하는데, 그것을 경시(輕視)한다는 뜻.
- 重予人馬(중여인마) : 정사를 맡길 사람에게 말이나 준다. 인재 등용을 잘못하고, 또한 실질적이고 본질적인 인재 등용이 아니라 형식적이고 비본질적인 인사 처리를 한다는 뜻이다.
- 宮門之營(궁문지영) : 대궐을 가꾸는 치장, 장식.
- 所以削也(소이삭야) : 따라서 남의 나라에 침략을 받아 땅을 빼앗기고 깎이고 만다는 뜻.

*명왕(明王)과 실주(失主)의 차이를 인재 활용과 정당정치(正當政治)에서 예증했다. 인재 등용을 잘못하면 결국 정치는 혼란에 빠진다. 게다가 군주가 궁전 가꾸는 것만 알고 나라의 수비를 망각하면 결국 그 나라는 망하고 만다. 실주(失主)란 이렇듯 실정(失政)을 거듭하다가 종래에 나라를 잃는 자를 일컫는다.

8.

국가의 세력은 신성한 경지에 이른 정치를 함으로써 얻어지는 것이다. 다른 나라는 모르는데 나 혼자만이 밝게 알고 있다는 것은 천하를 휘어잡는데 가장 유리한 조건이 된다. 아무도 모르게 군주 혼자 판단하고 단행한다는 것은 가장 기밀을 잘 지키는 바탕이 된다. 이상의 세 가지는 성인들이 지키는 바라 하겠다.

성인은 속에 있는 기미(機微)를 두려워하지만 어리석은 자는 밖에 나타난 사실을 두려워한다. 또한 성인은 증오하는 바를 속에 지니고 있으나, 어리석은 자는 증오하는 바를 밖으로 나타낸다. 성인은 행동을 취하기에 앞서 그 결과나 길흉(吉凶)을 미리 감지하지만, 어리석은 자는 일을 저지르고 위태롭게 되면 딴말로 변명을 한다. 성인은 때를 잘 활용하여 득을 보고 때에 어긋나는 짓을 하지 않는다. 사람은 지혜를 가지고 잘 꾸밀 수도 있으나 시운을 이겨낼 수는 없다. 시운을 밝게 살피고 잘 맞추게 되면 작은 시간으로 큰 공을 올릴 수가 있다.

夫權者, 神聖之所資也, 獨明者, 天下之利器也, 獨斷者, 微密之營壘也. 此三者, 聖人之所則也. 聖

人畏微, 而愚人畏明. 聖人之憎惡也内. 愚人之憎惡
也外. 聖人將動必知, 愚人至危易辭. 聖人能輔時,
不能違時. 知者善謀, 不如當時. 精時者, 日少而功
多.

- 所資(소자) : 좌우된다.
- 天下之利器(천하지이기) : 천하를 제패하는데 가장 유리한 조
  건. 器는 수단, 술책, 도구, 기구, 제도, 방법, 법칙.
- 獨斷(독단) : 아무도 모르게 자기만이 판단과 결정을 내리는
  것.
- 微密(미밀) : 중대한 기밀(機密). 절대적인 비밀. 기미(機微).
- 營壘(영루) : 병영과 보루(堡壘). 즉 기밀을 굳게 지키는 곳.
- 聖人畏微(성인외미) : 성인은 속 깊이 숨어 있는 기미를 두려
  워한다.
- 愚人畏明(우인외명) : 어리석은 사람은 밖에 나타나 보이는
  것을 두려워한다. 불을 보고 비로소 뜨거운 줄 아는 왕은 어
  리석은 왕이니라.
- 將動必知(장동필지) : 행동을 취하기에 앞서, 그 결과나 길흉
  (吉凶)을 미리 감지한다.
- 至危易辭(지위역사) : 위험한 고비에 이르자 말을 바꾼다. 즉
  전과는 다른 말로 이러니저러니 변명을 한다.
- 輔時(보시) : 때나 시운(時運), 즉 기회를 놓치지 않고 이를 활
  용한다는 뜻.

- 違時(위시) : 때를 어긴다.
- 知者善謀(지자선모) : 인간의 지식으로 잘 꾸민다 치더라도 인간의 계모(計謀)는 결국 소계(小計)에 지나지 못한다.
- 不如當時(불여당시) : 때나 시운에 들어맞는 것만 못하다.
- 精時者(정시자) : 때나 시운을 밝게 알고 정성껏 맞추는 사람. 精은 정명(精明)의 뜻.
- 日少而功多(일소이공다) : 짧은 시간에 많은 공을 올린다.

* 앞에서 관자는 밝힌 바 있다. 「언제나 국가를 안태롭게 다스리고 명분과 이득을 동시에 얻는 다스림이 신성의 경지다.(夫使國常無患, 而名利並至者, 神聖也.)」

국가의 세력은 그 나라 정치가 이러한 신성지경(神聖之境)에 이루어져야 강대해지는 것이다. 관자는 다시 성인의 정치도를 밝혔다. 절대적인 국가세력을 배양하고 천하의 형세를 남보다 앞서서 밝게 통찰하고, 절대로 남에게 알리지 않은 치밀하고 은밀한 사전 계획에 따른 과단성 있는 단호한 행동을 취해야 한다. 이 세 가지가 천하를 제패하는 길이다.

다음에서 관자는 다시 성인은 속에 숨어 있는 천기(天機), 인심의 기미(機微)를 두려워하고, 이를 살피고, 신중하게 행동해야 한다는 점을 어리석은 자가 밖에 나타난 것만으로 속단하는 우매함과 대비시켜 강조했다. 그러면서 관자는 인위적인 소지(小知), 소계(小計)보다 천운, 시운(時運)을 잘 살피고 때를 놓치지 말고 기회를 활용해야 한다고 주장했다.

9.

무릇 아무리 좋은 계략이라도 주재자가 없으면 파탄이 나고, 모든 일도 말단의 준비가 없으면 망치고 만다. 따라서 성왕은 만반의 준비를 갖추기에 힘을 썼다. 아울러 때를 신중하게 지키고 기다렸던 것이다. 만반의 준비를 갖추어 가지고 때를 기다리고, 때가 되면 거사를 한다.〈이것이 성왕들이 지켰던 원칙이다.〉

싸움에 있어서도 이 원칙에는 다름이 없다. 때가 도달했을 때, 군사행동을 개시하고 적의 견고한 요새들을 함락하여 적국 깊이 쳐들어가고, 큰 나라를 쳐가지고 그 나라의 영토를 분단해서 차지하고, 내 나라 전체의 세력을 크게 하고, 변경의 힘을 줄이고 가까운 나라의 땅을 거점으로 삼아 먼 나라를 치고, 큰 나라를 이용하여 작은 나라들을 견제하고, 강한 자를 시켜 약한 자들을 부리게 하고, 다수의 힘으로 소수를 누르게 하고, 한편 덕치를 베풀어 백성들을 이롭게 해주면 온 천하에 위력이 떨치게 될 것이며, 제후들도 열을 받들고 거역하지 못하게 될 것

이며, 가까운 나라나 먼 나라가 다 같이 굴복하고 호령에
순종할 것이다.

夫謀無主則困, 事無備則廢. 是以聖王務具其備,
而愼守其時. 以備待時, 以時興事. 時至而擧兵, 絶
堅而攻國, 破大而制地, 大本而小標, 坐近而攻遠,
以大牽小, 以强使弱, 以衆致寡, 德利百姓, 威振天
下, 令行諸侯而不拂, 近無不服, 違無不聽.

- 謀無主則困(모무주칙곤) : 主는 주재하는 사람, 또는 집중적
  으로 수행한다는 뜻. 困은 막히고 만다. 謀는 좋은 계략, 계
  획. 主를 守의 오기라고 하는 설도 있다.
- 務具其備(무구기비) : 만반 준비를 갖추기에 힘을 쓴다.
- 愼守其時(신수기시) : 신중하게 때를 지킨다는 뜻은, 때가 될
  때까지 행동 개시를 신중하게 눌러 참는다는 뜻.
- 絶堅(절견) : 견고한 적의 요새를 함락시킨다.
- 大本而小標(대본이소표) : 標는 말단(末端). 바탕을 크게 하고
  말단을 작게 한다. 추상적인 표현이다. 일례를 들면, 본국을
  넓게 늘리고, 끝에 있는 변읍(邊邑)을 작게 줄인다고도 푼다.
- 坐近而攻遠(지근이공원) : 坐는 地. 가까이 있는 나라의 땅을
  장악하고 먼 나라를 공격한다.
- 以衆致寡(이중치과) : 다수를 가지고 소수를 친다. 致는 가서
  부딪치게 한다는 뜻.

- 德利百姓(덕리백성) : 덕을 가지고 백성들을 이롭게 한다.
- 不拂(불불) : 拂은 반역, 거역하다.

  *만사를 성취시키는 길은 치밀한 계획을 세우고, 확고한 영도자가 있으면, 또한 만반의 준비를 갖춘 다음에 때를 잘 맞추어야 한다. 이들의 요인만 잘 맞으면 온 천하를 제패할 수 있다고 전략과 덕치(德治)면에서 지적하고 있다. 동양에서는 때, 기회라는 개념이 몹시 존중되어 왔다. 이 점에 있어서도 관자는 선구적인 주장자라 하겠다. 그러나 때를 맞이함에 있어 관자는 만반에 준비를 갖추어야 한다고 했다. 준비를 갖추고 때를 기다리고 있어야 때가 되었을 때 성공적으로 성사할 수 있는 것이다. 「以備待時, 以時與事.」란 말을 깊이 명심해야 한다. 준비도 없이 막연히 때만 기다려도 아무 소용이 없다.

10.

  명왕은 천하의 대의명분을 바로잡는다. 강한 나라를 누르고 약한 나라를 돕고, 포악한 나라를 제어하고 탐욕한 나라의 침략을 막고, 쇠망에 처한 나라를 살피고 위기에 몰린 나라를 안정시켜 주고, 단절될 왕가의 세대를 이어주기도 한다. 이러한 일들은 천하의 모든 나라들이 높이고 받드는 바이며, 제후들이 찬성하고 협력하는 바이며, 또한 모든 백성들이 이롭게 되는 바이다. 따라서 온천하 사람들이 그런 일을 이룩한 명왕을 왕으로 모시는 것이다.

천하의 모든 동정을 넓게 알고 당대에 비길 바 없이 강한 힘을 지니고 사해에 떨칠 만한 재능을 부릴 수 있음은, 바로 왕업을 성취하는 데 크게 도움이 될 것이다.

천승의 나라를 잘 거두어 다스릴 수 있으면, 제후들도 신하로서 따르게 할 수 있을 것이요, 나아가서는 온 천하를 장악하게 될 것이다. 그러나 만승의 나라일지라도 이를 다스리지 못하고 지키지 못하면, 그 나라는 내 나라라고 할 수 없다.

온 천하가 잘 다스려지고 있는데 내 나라만이 흩어지고 있다면, 이것 또한 내 나라라 할 수 없으며, 제후들의 나라들이 서로 단합되어 있는데 내 나라만이 고립되어 있다면, 이것 또한 내 나라라 할 수 없으며, 이웃나라들이 요새를 굳게 하고 방위력을 강화하고 있는데 내 나라만이 무방비 상태로 방치되어 있다면, 이것 또한 내 나라라고 할 수 없다. 이상의 세 가지 상태는 나라를 망치는 징조이다.

夫明王爲天下正理也. 按彊助弱, 圉暴止貪, 存亡定危, 繼絶世. 此天下之所載也, 諸侯之所與也, 百姓之所利也. 是故天下王之.

知蓋天下, 繼最一世, 材振四海, 王之佐也.

千乘之國得其守, 諸侯可得而臣, 天下可得而有也. 萬乘之國失其守, 國非其國也.

天下皆令, 己獨亂, 國非其國也. 諸侯皆令, 己獨孤, 國非其國也. 鄰國皆險, 己獨易, 國非其國也. 此三者, 亡國之徵也.

- 正理(정리) : 理는 도리, 의리(義理), 또는 대의명분(大義名分). 正은 바로잡아 다스린다.
- 按彊助弱(안강조약) : 按은 누른다, 억제한다. 강한 자를 누르고 약한 자를 돕는다.
- 圉暴止貪(어폭지탐) : 圉는 禦(어), 막는다. 포악을 막고 탐욕을 누른다.
- 存亡定危(존망정위) : 망하려고 하는 나라를 존속시키고, 위태로운 나라를 안정시킨다.
- 繼絶世(계절세) : 끊어지려는 세대, 왕족의 가세(家世)를 이어준다.
- 所載(소재) : 載는 戴에 통한다. 추어올린다, 존중한다.
- 所與(소여) : 편을 든다, 찬성한다.

- 知蓋天下(지개천하) : 아는 바가 천하를 덮는다. 즉 온 천하에 대한 모든 정보를 잘 알고 있다는 뜻.
- 繼最一世(계최일세) : 繼는 彊의 오기라고 한다. 즉 당대에 가장 힘이 강하다는 뜻.
- 材振四海(재진사해) : 재력(才力)이 사해에 떨친다.
- 王之佐(왕지좌) : 왕업(王業)을 이룩하는 데 도움이 되는 것들.
- 得其守(득기수) : 守는 收, 持의 뜻, 즉 천승(千乘)의 나라를 거두어 잘 간직하고 다스린다는 뜻. 천승의 나라는 바로 제후(諸侯)의 나라다.
- 失其守(실기수) : 만승(萬乘)의 나라, 즉 천자(天子)의 나라라 하더라도 다스림이나 지킴을 잃으면 그 나라는 제 나라라 할 수 없다는 뜻. 여기의 守는 수비, 지킴, 다스림.
- 天下皆令(천하개령) : 令은 合의 오기라고 한다. 즉 온 천하가 단합된다.
- 險(험) : 공격하기에 힘이 든다, 즉 험난한 요새로 방비되었다는 뜻.
- 己獨易(기독이) : 내 나라만이 공격을 쉽게 당한다는 뜻. 즉 방비가 허술하다, 공격하기 쉬운 요새밖에 없다는 뜻.
- 微(징) : 징조.

*덕(德)을 밝히고 높이는 명왕(明王)은 천하의 대의명분(大義名分)을 구현시킨다. 세계를 바로잡고 바르게 다스린다는 뜻

이 정리(正理)다. 그러기 위해서는 횡포, 침략 멸망, 파괴를 반대하고 추방하며, 협동, 평화, 원조, 존속을 추어올려야 한다. 이러한 세계평화와 번영의 사도이자 수호자인 명왕이 되기 위해서는 「지(知)」, 「강(强)」, 「제(才)」, 즉 세계정세를 환히 알고 강력한 힘을 지니고 뛰어난 재능을 발휘해야 한다고 했다.

특히 관자는 국제사회에 있어서의 내 나라의 고립, 힘의 불균형, 무방비 상태를 가리켜 바로 패망의 징조라고 경각심을 불러일으키고 있다.

11.

국토는 크지만 정치 규모가 작은 나라는 결국 정치와 더불어 작은 나라로 전락하게 될 것이다. 반대로 나라는 작아도 크게 다스리는 나라는 점차로 크게 될 것이다.

크지만 큰 구실을 못하는 자는 작은 자와 같고, 강하되 제 힘을 잘 발휘하지 못하는 자는 약한 자와 같고, 많으면서도 많은 구실을 못하면 결국 적은 것과 같고, 존귀한 신분이면서도 예를 차리지 못하면 결국 천한 자와 같고, 준엄한 자리에 있으면서도 절도를 어기면 결국 경박해지고, 부자이면서도 오만과 낭비를 일삼으면 결국 가난해지게 마련이다.

따라서 한 나라의 상태를 살피고자 하면, 우선 그 나라의 임금의 덕행을 보면 알 수 있고, 한 나라의 군비 사정을 살피려면, 그 나라의 장군을 보면 알 수 있고, 한 나라의 비축을 살피려면 그 나라 농토의 농작 현황을 보면 알 수 있는 것이다.

夫國大而政小者, 國從其政. 國小而政大者, 國益大. 大而不爲者復小, 彊而不理者復弱, 衆而不理者復寡, 貴而無禮者復賤, 重而凌節者復輕, 富而驕肆者復貧.

故觀國者觀君, 觀軍者觀將, 觀備者觀野.

- 國大而政小(국대이정소) : 국토는 크지만 정치 규모가 적다.
- 國從其政(국종기정) : 그런 나라는 적은 정치 규모를 따라 작은 나라라 하겠다는 뜻.
- 大而不爲者(대이불위자) : 크면서도 큰 구실을 하지 못한다.
- 理(리) : 잘 다스리다. 도리나 이치에 맞게 행동한다.
- 貴而無禮者(귀이무례자) : 높은 신분의 귀인일지라도 예를 지키지 않으면 천한 사람과 같다는 뜻.
- 凌節(능절) : 절도를 어기고 경망한 짓을 한다.
- 驕肆(교사) : 교만하고 방자하다. 따라서 태만하고 낭비를 일삼는다.

- 復(복) : 또한, 역시, 같다. 또는 복귀한다, 되돌아간다로 풀어도 좋을 것이다.
- 觀備(관비) : 한 나라의 비축(備蓄)을 본다.
- 觀野(관야) : 그 나라의 농지, 경작 상태를 본다.

*국가 세력의 대소는 그 나라 영토에 따라 크게 좌우된다. 그러나 영토가 크다고 무조건 그 나라의 세력이 큰 것은 아니다. 군주가 큰 나라답게 대덕(大德)의 정치를 해야 하고, 그 나라의 군대나 장군들이 큰 나라답게 강력하고 유능해야 하며, 또한 그 나라의 농토가 잘 개발되고 생산이 높이 올라 큰 나라답게 비축이 있어야 한다.

설사 영토는 작더라도 큰 나라와 같이 크게 다스리면, 그 나라는 점차로 커질 것이다. 반대로 큰 나라라 할지라도 작게 다스리면 점차로 그 나라는 작아질 것이다.

관자의 이 말은 추상적인 이론만을 풀이한 것은 아니었다. 사실에 있어 관자가 섬기고 있던 제(齊)나라는 영토나 규모에 있어 당시 가장 큰 나라도 아니었고, 그보다 더 큰 나라가 얼마든지 있었다. 그렇거늘 제 나라의 환공(桓公)으로 하여금 패왕(覇王)이 되게 보필한 관자는 작은 나라지만 큰 정치를 실천하여 결국 큰 나라로 만든 실증적(實證的) 정치가라 하겠다.

12.

임금이 겉으로는 밝은 듯하면서 실제로는 밝지 못하든가, 장군이 슬기로운 듯 보이면서 실제로는 슬기롭지 못하든가, 인민들이 농사를 짓는 듯 보이면서 실제로는 농사를 짓지 못하는 수가 있다.

〈임금의 명덕, 장군의 현명, 인민의 생산, 이 세 가지는 나라를 지키는 바탕이라, 삼수(三守)라 한다.〉 이들 삼수를 잃으면 나라는 제 구실을 못하는 것이다.

나라의 영토가 크다고 그것만을 믿고 아무런 대책도 강구하지 않는 것을 토만(土滿)이라 하며, 인민의 수는 많으나 이들을 잘 다스리지 못하고 있는 것을 인만(人滿)이라 하며, 군사력이 세다고 끝없이 전쟁을 일삼고 있는 것을 무만(武滿)이라 한다. 이러한 세 가지 자만(自滿) 상태를 지양하지 않으면 그 나라는 결국 제 나라로 존립하지 못하게 된다.

국토가 아무리 크다 해도 농경, 생산이 이루어지지 못하면, 그것은 큰 땅이라 할 수 없고, 아무리 고관, 대작이라 하더라도 충성된 신하로서 임금을 섬기지 않으면 그들을 나라의 고관이라 할 수 없으며, 인민들이 많아도 서로 친목 협동하지 못하면 그 나라의 인민이라 할 수 없다.

其君如明而非明也, 其將如賢而非賢也, 其人如耕
者而非耕也. 三守旣失, 國非其國也.

地大而不爲, 命曰土滿, 人衆而不理, 命曰人滿.
兵威而不止, 命曰武滿. 三滿而不止, 國非其國也.

地大而不耕, 非其地也. 卿貴而不臣, 非其卿也.
人衆而不親, 非其人也.

- 如明而非明(여명이비명) : 명석한 듯하면서 참으로 명석하지
  못하다. 즉 사이비(似而非). 明은 명덕(明德)으로 풀어도 좋
  다.
- 三守(삼수) : 임금의 밝음(明), 장군의 슬기(賢), 백성들의 농
  경(耕). 이 세 가지는 그 나라를 지탱하는 바탕이다.
- 地大而不爲(지대이불위) : 영토는 크지만 국토를 잘 다스리지
  못한다.
- 土滿(토만) : 영토 큰 데만 만족하고 자만(自慢)하고 있다는
  뜻.
- 兵威而不止(병위이부지) : 군사력이 강하다고 끝없이 침략전
  쟁을 일삼는다.

*관자는 여기서 삼수(三守), 삼만(三滿)을 풀었다. 삼수는 나
라를 지탱케 하는 세 가지 요소다. 즉 군주의 명덕(明德), 장군
의 슬기(賢明), 국민생산의 향상(耕作)이다. 이 삼대 요소가 갖

추어지지 못하면 그 나라는 있으면서도 없는 거나 같다고 했다. 삼만은 만족과 자만(自慢)하게 되는 세 가지 양상을 말한다. 즉 땅덩어리 큰 것만을 믿고 국토개발이나 농경, 생산을 높이지 못하는 경우, 인민의 수만 많다고 자만하고 그들에 대한 교화, 훈도 및 다스림을 소홀히 한 경우, 군사력의 우위를 믿고 침략전쟁을 거둘 줄 모르는 경우, 이들 세 경우를 삼만(三滿)이라 하고, 이러한 행동을 지양하지 못하면 역시 그 나라도 제 나라 구실을 못하게 될 것이라 경고했다.

결국 넓은 국토도 개발되고 생산이 많아야 내 나라의 넓은 국토의 구실을 할 것이고, 신하들도 충성을 다해야 진정으로 귀중한 신하일 것이고, 국민들도 서로 일치단결해야 비로소 내 나라의 국민이라 할 것이다.

13.

땅도 없이 부자가 되고자 하는 것은 헛고생이며, 덕도 없이 왕이 되고자 하면 신변만 위태로울 것이며, 남에게 베풀지도 않고 많이 받기만을 바라는 자는 고립되고 말 것이다.

무릇 윗사람이 각박하여 인민의 지지를 못 받는 반면에 아랫사람인 신하가 넓게 인민들을 포용하고 있거나,

임금이 있는 국도의 세력이 작고 도리어 제후가 있는 도읍의 세력이 큰 그런 경우에는 그 윗사람인 임금이 살육되고 말 것이다.

군주의 존엄성이 확립되고 신하가 머리 숙여 순종하고, 윗사람의 위세가 높고 아랫사람이 그를 존경하고, 법령이 잘 시행되고 국민들이 준수하면 그 나라는 가장 잘 다스려지고 있는 것이다.

한 덩어리 천하에 두 사람의 천자가 있으면 천하는 다스려질 수 없고, 한 나라에 두 사람의 군주가 있으면 그 나라는 다스려질 수 없고, 한 집안에 두 어버이가 있으면 그 집안은 다스려질 수가 없는 법이니라.

夫無土而欲富者夏, 無德而欲王者危, 施薄而求厚者孤.

夫上夾而下茸, 國小而都大者弒.

主尊臣卑, 上威下敬, 令行人服, 理之至也.

使天下兩天子, 天下不可理也. 一國而兩君, 一國不可理也. 一家而兩父, 一家不可理也.

• 憂(우) : 고생한다, 도로(徒勞)하다.

- 施薄(시박) : 남에게 은덕 베푸는 것을 얇게 하다, 즉 별로 베풀지도 않고의 뜻.
- 求厚者(구후자) : 남으로부터 구하는 것, 받고자 하는 것이 두텁다, 많다.
- 上夾(상협) : 윗사람이 협소하다. 夾은 狹(협).
- 下苴(하저) : 苴는 包(포)의 뜻, 즉 싸덮다. 밑의 사람이 관대하고 포괄력이 있다.
- 國小而都大(국소이도대) : 국도(國都)가 작고 도리어 지방의 도읍(都邑)이 크다. 즉 국왕의 세력이 작고, 지방의 제후의 세력이 크다는 뜻.
- 弑(시) : 살육된다.
- 上威下敬(상위하경) : 윗사람은 위엄이 있고, 아랫사람은 그를 존경한다.
- 令行人服(영행인복) : 영이 시행되고, 국민들이 복종하다.
- 理之至也(이지지야) : 理는 治, 至는 至上. 가장 잘 다스려지는 것이라 하겠다.
- 使天下兩天子(사천하량천자) : 한 천하를 두 명의 천자가 다스리게 한다.

*천하를 잡고 바르게 다스릴 패왕(覇王)이 되고자 하는 자는 덕(德)을 밝히고, 모든 백성들에게 많은 은덕을 고르게 베풀어 주어야 한다. 은덕도 베풀지 못하면서 패왕이 되고자 하는 사람은 마치 땅도 없이 부자가 되고자 하는 사람같이 터무니없

는 헛고생을 저지르는 자라고 비유했다. 또한 이른바 국왕이면서 각박하고 협소하여 인민을 포용하지 못하고, 도리어 신하나 지방에 있는 세도가에게 인민을 빼앗기게 되면 결국 패망하고 말 것이라 경고했다.

결국 천하의 패왕은 아니다. 절대적인 권위와 탁월한 능력과 넘치는 덕성으로서 절대 유일한 하늘의 진리[天道]를 아는 자는 단 한 사람이라고 관자는 단정하고 있다.

14.

무릇 나라의 법령이란 높은 권위나 정신으로 내려지지 않으면 시행되지 못하고, 또한 단일화되지 않으면 준수되지 못한다.

고대의 성왕이라고 하는 요제나 순제의 백성들도 태어날 때부터 착한 사람들만은 아니었을 것이며, 반대로 폭왕의 대표라고 꼽히는 걸왕이나 주왕의 백성들도 태어날 때부터 난폭하기만 했던 것은 아닐 것이다. 〈그러나 이들이 요, 순시대에는 순치(順治)의 백성들이 되었고 걸, 주시대에는 난치(亂治)의 백성으로 갈라졌으나〉 그 순치와 난치의 가름은 바로 윗사람에게 달렸던 것이다.

무릇 패왕의 시발점, 바탕은 바로 인민에 있는 것이다.

바탕인 인민을 잘 다스리면 나라가 굳게 되고, 바탕이 흩어지면 나라도 위태롭게 된다.

윗사람인 군주가 밝으면 밑의 신하들이 공경할 것이며, 정치가 안정되면 군민들이 안락할 것이며, 군사들이 교화되고 단결되면 그 나라 군사력이 적국보다 강할 것이며, 유능한 사람을 쓰면 백사가 잘 이루어질 것이며, 인자들을 가까이하면 윗사람이 위태롭지 않을 것이며, 슬기로운 사람에게 관직을 맡기면 제후들이 순복할 것이다.

패왕이 지녀야 할 태도는 다음과 같다. 덕성과 대의로서 남을 누르고, 슬기로운 계략으로 남에게 이기고, 군사력으로서 남과 싸워 이기고, 지리 조건에서도 남보다 유리하고 모든 행동 면에서 남을 눌러 이겨야 한다. 그래야 남들 위에 왕으로서 군림할 수 있다.

夫令不高不行, 不搏不聽. 堯舜之人, 非生而理也. 桀紂之人, 非生而亂也. 故理亂在上也.

夫霸王之所始也, 以人爲本. 本理則國固, 本亂則國危.

故上明則下敬, 政平則人安, 士敎和則兵勝敵, 使能則百事理, 親仁則上不危, 任賢則諸侯服, 霸王之

形, 德義勝之, 智謀勝之, 兵戰勝之, 地形勝之, 動作
勝之. 故王之.

- 令不高不行(영불고불행) : 高는 영을 내리는 군주의 권위나
  덕이 높다는 뜻. 不行은 시행되지 않는다.
- 不搏不聽(불전불청) : 搏은 專의 옛 글자. 법령이 단일화되지
  않으면 사람들이 준수하지 못한다. 영을 내리는 데 이랬다
  저랬다 해서는 국민들이 갈피를 잡지 못한다는 뜻.
- 堯舜之人(요순지인) : 성천자(聖天子)라고 하는 당(唐)의 요제
  (堯帝)나 우(虞)의 순제(順帝)가 다스리던 인민, 백성.
- 桀紂(걸주) : 요순을 고대의 성천자의 대표로 꼽는 반면, 걸
  주를 포악무도한 폭군의 대표로 친다. 걸(桀)은 하(夏)의 망
  왕이고, 주(紂)는 은(殷)을 망친 왕이다.
- 霸王之形(패왕지형) : 形은 틀, 자세, 스타일.
- 德義勝之(덕의승지) : 之는 다른 나라의 뜻. 패왕이 될 사람은
  덕이나 의로서 다른 나라를 눌러 이겨야 한다.

  *국가의 법령은 아무렇게나 내릴 수 있는 것이 아니다. 높
은 덕성(德性)과 권위(權威)와 통일성(統一性) 및 일관성(一貫性)
이 있어야 한다. 그래야 국민들이 법을 준수하게 되고, 따라서
나라도 잘 다스려지는 것이다. 결국 나라가 잘 다스려지느냐
못 다스려지느냐 하는 판가름은, 윗사람인 국왕이 높은 덕성을
가지고 국민들이 준수할 수 있게끔 법을 잘 정하느냐 못 정하

느냐에 달렸다고도 하겠다. 그러므로 성제(聖帝)의 대표라고 할 「요순(堯舜)」시대의 나라가 잘 다스려진 거나 반대로 폭왕의 대명사로 불리는 「걸주(桀紂)」시대에 태어난 사람들이 난세에 시달린 원인은, 그들 백성이나 국민에 있다기보다는 이른바 위정자의 잘잘못에 있었던 것이다.

그러나 동시에 명심해야 할 점이 있다. 천하를 평정하고 바로 다스리고자 하는 패왕은 어디에 바탕을 두어야 참으로 잘할 수 있을까? 그 바탕은 국민이다. 국민의 민심을 얻고 국민의 지지를 얻는 것을 바탕으로 하고, 그 출발점으로 삼아야 한다. 이를 두고 관자는 사람을 얻는 거라고도 했으며, 그러기 위해 임금은 우선 남에게, 백성에게, 국민, 인민에게 은덕을 베풀고 그들을 이롭게 해야 한다고 거듭 주장했음을 우리는 앞에서 많이 보아온 바라 하겠다. 「覇王之所始也, 以人爲本.」이란 말은 오늘의 자유진영(自由陣營)의 민본주의(民本主義) 사상에도 통하는 바가 크다 하겠다.

패왕은 덕의(德義), 지모(智謀), 군사력(軍事力), 국가의 지리적 조건 및 모든 행동에 있어 남보다 뛰어나야 한다.

15.
제 나라를 잘 다스리고 제 나라의 명분과 이득을 겸해

얻게 하는 신성의 경지에 이른 국왕은 천하의 형세를 살피고, 행동할 때와 멈출 때를 알고 앞으로 할 일과 뒤로 돌릴 일의 비중을 살피고, 복을 얻을 것인가 화를 입을 것인가를 미리 알아차린다.

천하에 강한 나라들이 많을 때에는 남보다 먼저 들고 일어나는 나라는 위태로울 것이며, 남보다 늦게 거동하는 나라는 이득을 볼 것이다. 강한 나라가 작은 때에는 먼저 거동하는 자가 왕자로 군림할 수 있으나 뒤처지는 자는 남에게 패망될 것이다. 서로 싸우는 나라가 많을 때에는 남보다 뒤처져 일어나는 나라가 패권을 잡을 것이지만, 싸우는 나라가 작을 때에는 앞질러 거동하는 자가 왕자로 군림할 수 있을 것이다.

夫神聖視天下之形, 知動靜之時, 視先後之稱, 知禍福之門.

彊國衆, 先擧者危, 後擧者利. 彊國少, 先擧者王, 後擧者亡. 戰國衆, 後擧可以霸. 戰國少, 先擧可以王.

• 神聖(신성) : 관자는 앞(10~6)에서 「使國常無患, 而名利並至

者, 神聖也.」라고 한 바 있다.

- 視天下之形(시천하지형) : 천하의 형세를 살펴본다.
- 知動靜之時(지동정지시) : 행동할 때를 안다.
- 親先後之稱(친선후지칭) : 선후의 무게, 즉 앞서 할 일과 뒤로 미룰 일의 비중을 살핀다.
- 知禍福之門(지화복지문) : 하나의 행동에 따르는 결과가 화가 될 것인지, 복이 될 것인지를 미리 살펴 안다는 뜻.
- 彊國衆(강국중) : 천하에 강한 나라의 수가 많다.
- 戰國衆(전국중) : 서로 싸우는 나라가 많다.

*치열한 경쟁 속에서 공방전을 벌이고 서로 패권을 잡고자 하는 마당에는 나설 때와 유리한 때를 잘 포착해야 한다. 강국이 많을 때는 함부로 나서거나 남보다 먼저 나서지 말라. 남들이 피폐하기를 기다려 천천히 나서는 것이 좋다. 여러 나라들이 서로 싸울 때도 같다. 남들이 서로 싸워 서로 지칠 때를 기다려 나타나면 쉽게 남들을 제패할 수 있다. 그러나 반대로 강국이 작거나 힘이 없어 남들이 서로 싸우지도 못할 때는 남보다 앞질러 실력을 쌓고, 쌓은 실력으로 남을 제압하는 것이 패권을 잡는 길이다. 관자는 국제 전쟁의 전략을 아주 실질적으로 전개했다.

16.

무릇 옛날의 명왕은 천하에 패권을 잡고자 다툴 때도 그는 바른 마음을 가지고서 싸웠고, 천하의 천자로 섰을 때도 질서와 균형을 잘 잡았고, 천하를 다스릴 때도 모든 백성에게 잘 납득할 수 있는 평이한 정치도로 다스렸던 것이다. 즉 정책을 세우고 법령을 공포함에 있어서는 민심을 따랐고, 작위나 봉록을 내려 인재를 등용할 때는 공평무사한 지덕을 따랐고, 국가적 대사를 처리할 때는 공명정대한 천도를 따랐던 것이다.

그러므로 선왕은 남을 투벌함에 있어서도 반역은 치되 순복자는 치지 않았고, 혹독한 폭군은 치되 착한 군주는 치지 않았고, 잘못에 대해서는 치되 타당한 처사에 대해서는 치지 않았다.

사방 경내에 있는 백성들을 부림에 있어서도 정당하게 사역했고 제후들을 연합시킴에 있어서도 신중한 술책으로 성취되게 했으며, 가까이 있으면서 불복하는 자는 토지를 깎아 압력을 가했고, 멀리 있으면서 호령에 따르지 않은 자는 천하의 대세를 가지고 이를 위협했던 것이다.

굳게 항거하는 자는 무력으로 투벌하고, 순복하는 자

는 문교(文敎)로 교화시키고 용서해준다. 이렇듯 문과 무를 겸비하는 것이 바로 덕이라 하겠다.

夫先王之爭天下也, 以方心. 其立之也, 以整齊.
其理之也, 以平易. 立政出令, 用人道. 施爵祿, 用地
道. 擧大事, 用天道.

是故先王之伐也, 伐逆不伐順, 伐險不伐易, 伐過
不伐及.

四封之内, 以正使之. 諸侯之會, 以權致之. 近而
不服者, 以地患之. 違而不聽者, 以刑危之.

一而伐之, 武也. 服而舍之, 文也. 文武具滿, 德
也.

- 爭天下(쟁천하) : 천하의 패권을 다투다.
- 方心(방심) : 방정한 마음, 올바른 마음.
- 立之(입지) : 천하의 법도를 세운다. 또는 천하의 패자로 선다라고 풀 수도 있다.
- 理之(이지) : 도리와 의리를 밝혀 천하를 잘 다스린다.
- 平易(평이) : 정치도(政治道)가 누구에게나 납득이 가고 알 수 있게 다스린다는 뜻.

- 用人道(용인도) : 인도에 맞게 한다. 人道는 인심(人心), 민심(民心)으로 보아도 좋다.
- 用地道(용지도) : 지도에 맞게 한다. 地道는 공평무사한 지덕(地德)이다. 만물을 포용, 생육하는 땅의 덕을 따른다는 뜻.
- 用天道(용천도) : 공명정대(公明正大)한 천도를 따른다.
- 伐險不伐易(벌험불벌이) : 각박하고 혹독한 정치를 하는 폭군을 치되, 백성을 안이하게 해주는 선군(善君)은 치지 않는다.
- 伐過不伐及(벌과불벌급) : 지나치고 잘못한 자를 치되 잘한 사람은 치지 않는다. 不伐及을 不伐不及으로한 판본도 있다.
- 四封(사봉) : 사경(四境).
- 以正使之(이정사지) : 정당하게 쓴다. 正은 정의, 정당, 정리(正理). 따라서 백성들이 심복(心服)한다.
- 諸侯之會(제후지회) : 제후들을 회동(會同)시키다. 오늘의 말로 동맹, 연합시킨다는 뜻과 같다.
- 以權致之(이권치지) : 권모(權謀)로서 제후들을 잘 다루어 동맹이나 연계하게 한다.
- 以地患之(이지환지) : 복종하지 않는 가까운 나라에 대해서는 그 나라의 토지를 뺏음으로써 그들에게 압박을 가한다는 뜻.
- 以刑危之(이형위지) : 刑은 形이라고 한다. 즉 대세를 가지고 먼 나라를 위압한다는 뜻.
- 一而伐之(일이벌지) : 일괄적으로 남을 친다. 一에 대해서는 설이 많다. 「守一不移」, 즉 꼭 지키고 움직이지 않는다로 풀

기도 하고, 또는 一은 二의 오기로 二心, 즉 두 마음을 품은 나라로 보기도 한다.

• 服而舍之(복이사지) : 순복하면 용서해준다. 舍는 풀어주다, 용서하다.

• 文武具滿(문무구만) : 문과 무를 겸해서 갖추다. 滿은 備의 오기라고도 한다.

*패왕은 덕을 갖추어야 한다. 덕이란 다름이 아니다. 문무(文武)를 겸비하는 것이다. 패왕은 처음부터 올바른 마음, 정신을 갖고 천하의 질서, 평화를 위하고 인민의 평안을 위해 천하를 평정하고 다스리고자 하는 사람이다. 따라서 그는 천도(天道), 지덕(地德), 민심(民心)을 따라 좋게 마련이다. 그러나 그는 천하를 어지럽히고 백성들을 괴롭히는 자를 무력으로 정벌하지 않으면 안 된다. 불가피하게 무력을 행사하는 것이다. 그러나 무력만으로 세계를 제패해서는 안 된다. 악한 자라도 일단 굽히고 칼을 버리고 엎드리면 이를 용서해주고, 이를 교화, 선도하여 향상시켜야 한다. 즉 순종자에게 문교를 베풀고 그들을 문치로 다스려야 한다. 이렇듯 무력으로 누르되 문치로 그를 교화, 향상시키는 것이 바로 문과 무를 겸한 덕치(德治)라 하겠다. 덕치는 결코 문(文)에만 의지하고 악한 무력에 넘어가는 것은 아니다.

세계와 인류의 안전, 평화를 보장하고 아울러 행복, 번영을 구현시켜 줄 오늘의 지도자, 영도자들도 이렇듯 악을 누르는 힘과 더불어 사람을 교화, 향상시키는 문교에 힘을 기울여야 한다.

관자는 이미 수천 년 전에 이를 천명해 주었다. 「패왕은 문무를 겸비한 덕치(德治)를 베풀어야 한다.」

✛ 연보(年譜) ✛

　　주로 사기(史記) 제태공세가(齊太公世家)에 의했으며 춘추
좌씨전(春秋左氏傳)을 참조했음.

　　관자의 생년(生年)이나 미천시(微賤時)의 행적에 대해서는
잘 알려져 있지 않다. 사기(史記)의 기록으로 여러 가지 실
패를 했음에도 불구하고 포숙(鮑叔)이 끝까지 그의 큰 인물
임을 믿었다는 것을 알 뿐이다.

前 685년〔제(齊) 환공(桓公) 1년 · 주장왕(周莊王) 12년 〈춘추좌씨전
(春秋左氏傳)에는 9년〉〕
　　제(齊) 환공(桓公)이 실권을 잡았다. 환공은 바로 공자(公
子) 소백(小白)이며, 공자 규(糾)와의 실권쟁탈전(實權爭奪戰)
에서 승리를 거두었다. 이에 규는 노(魯)에서 죽고, 그를 섬
기던 소홀(召忽)도 순사(殉死)했다. 그러나 같이 규를 섬기고
싸움에서는 소백에게 활을 쏘았던 관중(管仲)은 소절(小節)

보다도 제국(齊國)을 흥성(興盛)시키겠다는 대의(大義)를 위해, 소백 즉 환공에게 투항(投降)했고, 환공은 포숙(鮑叔)의 말을 받아들여 관중을 재상(宰相)으로 등용했다.

환공(桓公)은 관중(管仲)의 정책을 실천에 옮겨, 제(齊)의 내정(內政)을 정비하고, 민심을 수습하고, 어염생산(魚鹽生産)을 진흥하고 현능인사(賢能人士)를 등용하여 부국강병(富國强兵)의 성과를 거두었다.

前 684년〔제(齊) 환공(桓公) 2년〕

제(齊)는 담(郯) 나라를 쳤다.

前 681년〔제(齊) 환공(桓公) 5년〕

노(魯)의 장공(莊公)과 제(齊)의 가(柯)에서 맹약(盟約)했다. 이때의 노(魯)의 장군 조말(曹沫)이 환공을 비수(匕首)로 찌르고자 했고, 환공은 후에 이를 처단코자 했으나, 관중의 사(赦)해 주라는 건의를 받아 그를 용서해줌으로써 환공은 더욱 제후(諸侯)들의 신임을 얻게 되었다.

前 679년〔제(齊) 환공(桓公) 7년〕

환공이 제후와 위(衛)의 진(甄) 산동성(山東省)에서 회맹

(會盟)했고, 비로소 패자(覇者)가 되었다〔주본기(周本紀)에는 혜왕(惠王) 10년 제 환공에게 패자의 칭호 백(伯)을 주었다고 했다〕.

前 663년〔제(齊) 환공(桓公) 23년〕

환공이 북적(北狄)을 치고 연(燕)을 구해주었다. 또한 연군(燕君)을 예우하고, 아울러 연군으로 하여금 주(周)에 헌공(獻貢)케 함으로써 더욱 제후간(諸侯間)의 신망을 얻었다.

前 659년〔제(齊) 환공(桓公) 27년〕

환공은 도(道)에 어긋난 자기의 매(妹)이자 노(魯) 민공(潛公)의 모(母)인 애강(哀姜)을 소환(召還)하여 주(誅)하고 노(魯)의 인민(人民)들이 원하는 바 희공(僖公)을 세우도록 했다.

前 658년〔제(齊) 환공(桓公) 28년〕

제(齊)는 적(狄)을 물리치고 위(衛)를 도왔다.

前 656년〔제(齊) 환공(桓公) 30년〕

환공은 부인 채희(蔡姬)의 무례(無禮)로 인하여 마침내 채(蔡)를 쳤다. 또한 주(周)에 대한 공납(貢納)을 게을리한 초

(楚)도 쳤다. 관중(管仲)의 계모(計謀)에 의한 것이다.

前 651년〔제(齊) 환공(桓公) 35년 · 주(周) 양왕(襄王) 1년〕

　환공은 제후들과 채구(蔡丘)에서 회맹(會盟)했다. 관중(管仲)은 환공으로 하여금 주 양왕이 하양(下陽)한 예물을 당하(堂下)에서 받도록 했으며, 또한 환공이 태산(泰山)에서 봉선(封禪)코자 하는 것을 예(禮)에 어긋난다고 말렸다.

前 648년〔제(齊) 환공(桓公) 38년 · 주(周) 양공(襄公) 4년〕

　주(周) 양왕(襄王)의 제(弟) 대(帶)가 융적(戎狄)과 합세하여 주실(周室)을 쳤다. 관중은 융적을 쳐 평정했다. 이에 양왕이 관중을 주(周)의 상경(上卿)으로 예우코자 했으나, 그는 끝내 사퇴하고 하경(下卿)의 예우를 받았다.

前 645년〔제(齊) 환공(桓公) 41년 · 주(周) 양왕(襄王) 7년〕

　관중(管仲) 졸(卒).

前 643년〔제(齊) 환공(桓公) 43년 · 주(周) 양왕(襄王) 9년〕

　환공(桓公) 졸(卒).

명문동양문고 **31**

관자管子 [下]

초판 인쇄 2024년 2월 1일
초판 발행 2024년 2월 5일

역 저 자 장기근
발 행 자 김동구
디 자 인 이명숙 · 양철민
발 행 처 명문당(1923. 10. 1 창립)
주   소 서울시 종로구 윤보선길 61(안국동)
         국민은행 006-01-0483-171
전   화 02)733-3039, 734-4798, 733-4748(영)
팩   스 02)734-9209
Homepage www.myungmundang.net
E-mail mmdbook1@hanmail.net
등   록 1977. 11. 19. 제1~148호

ISBN 979-11-985856-3-9 (03150)
10,000원